乡村产业空间发展丛书

现代城乡发展模式与案例

侯满平 蔡为民 朱 博 主 编

中国建材工业出版社

北 京

图书在版编目（CIP）数据

现代城乡发展模式与案例/侯满平，蔡为民，朱博主编．--北京：中国建材工业出版社，2024.3
（乡村产业空间发展丛书）
ISBN 978-7-5160-3873-4

Ⅰ.①现… Ⅱ.①侯… ②蔡… ③朱… Ⅲ.①城乡建设—中国—文集 Ⅳ.①F299.2-53

中国国家版本馆 CIP 数据核字（2023）第 218085 号

现代城乡发展模式与案例
XIANDAI CHENGXIANG FAZHAN MOSHI YU ANLI
侯满平　蔡为民　朱博　主编

出版发行：	中国建材工业出版社
地　　址：	北京市海淀区三里河路 11 号
邮　　编：	100831
经　　销：	全国各地新华书店
印　　刷：	北京雁林吉兆印刷有限公司
开　　本：	787mm×1092mm　1/16
印　　张：	8
字　　数：	200 千字
版　　次：	2024 年 3 月第 1 版
印　　次：	2024 年 3 月第 1 次
定　　价：	58.00 元

本社网址：www.jccbs.com，微信公众号：zgjcgycbs
请选用正版图书，采购、销售盗版图书属违法行为
版权专有，盗版必究。本社法律顾问：北京天驰君泰律师事务所，张杰律师
举报信箱：zhangjie@tiantailaw.com　举报电话：(010) 57811389
本书如有印装质量问题，由我社事业发展中心负责调换，联系电话：(010) 57811387

本书编写委员会

主　编：侯满平　蔡为民　朱　博
副主编：李贝贝　杨　君　双文元　高红梅　戴红英
　　　　付　娆
顾　问：郝晋珉　邹统钎
主　审：周艳丽　郭　茜
编　委：吴伟成　刘贵利　艾　东　贾宁凤　段文凯
　　　　王印传　刘　云　郭丽鹃　李　沁　陈孟良
　　　　陈红伟　刘江伟

前　言

近年来，国家乡村振兴战略正在大力推进中。未来，城市、乡村与郊野怎么发展、如何规划建设，都关系到国家乡村振兴战略的具体执行与落实。本书编者长期从事城乡领域的研究与咨询工作，经过长期的研究与实践，并进行总结和整理而形成本书。

本书内容主要包括：现代城乡发展模式的提出；现代城乡发展模式的研究内容；现代城乡发展模式中的农村；现代城乡发展模式中的郊野；现代城乡发展模式中的城市；现代城乡发展模式的战略及案例。

本书由侯满平教授承担框架设计、前期主要内容的编写及统稿，在后期的修订过程中有多位学者参与其中，具体分工：第一章，侯满平、蔡为民、王志达、李贝贝、周艳丽；第二章，侯满平、朱博、戴红英、李贝贝、张聆韵；第三章，侯满平、高红梅、章永兰、相懋琪、吴晓敏；第四章，侯满平、吴伟成、宋珮霞、靖嵘、傅麟茜、李澳辉、宋小平；第五章，刘贵利、熊凌坤、刘长红、姚伦双、吴亚娜、宋珮霞、靖嵘、傅麟茜、李澳辉、宋小平；第六章，杨君、王印传、李沁、刘亚莉、靖嵘。

本书的资料收集与编写历经多年，数次修订，最终付梓成书，凝结了编者与研究者的心血。本书在编写过程中，借鉴参考了一些同行的研究成果，并得到了一些专家学者及实践者的支持与帮助，在此一并表示衷心的感谢。

由于编者水平有限，书中难免存在一些不足之处，敬请读者给予批评指正。

编　者

2023.10.01

目 录

第一章 现代城乡发展模式的提出 ··· 1
   第一节 城乡一体化的发展历程简析 ··· 1
   第二节 当今城乡发展特征 ··· 3
   第三节 现代城乡发展模式提出的必然性 ··································· 14
   第四节 现代城乡发展模式的可行性 ·· 15

第二章 现代城乡发展模式的研究内容 ··· 17
   第一节 现代城乡发展模式的基本概念 ······································ 17
   第二节 现代城乡发展模式的构成 ··· 18

第三章 现代城乡发展模式中的农村 ·· 28
   第一节 农村发展现状 ·· 28
   第二节 传统农村的功能 ··· 29
   第三节 当今农村、农业及农民问题的分析 ································ 32
   第四节 现代城乡发展模式的"三农"构建 ··································· 49

第四章 现代城乡发展模式中的郊野 ·· 69
   第一节 郊野概念及现状 ··· 69
   第二节 郊野功能分析及战略地位 ··· 71
   第三节 郊野与农村的关系分析 ·· 73
   第四节 郊野与城市关系的分析 ·· 74
   第五节 郊野与城镇化关系分析 ·· 75
   第六节 现代城乡发展模式中的郊野构建 ··································· 80

第五章 现代城乡发展模式中的城市 ·· 86
   第一节 城市的发展史分析 ·· 86
   第二节 现代化城市的发展状况 ·· 92
   第三节 现代城乡发展模式中的城市功能 ··································· 94
   第四节 现代城乡发展模式的城市构想 ······································ 101

第六章 现代城乡发展模式的战略及案例 ………………………………… 106

    第一节 现代城乡发展模式的战略 ………………………………………… 106

    第二节 现代城乡发展的典型模式 ………………………………………… 108

参考文献 ………………………………………………………………………… 120

第一章　现代城乡发展模式的提出

第一节　城乡一体化的发展历程简析

城乡一体化或称城乡经济社会一体化，是指城乡在相互联系而又相对独立发展的过程中，城乡劳动者发挥各自的能动性从而发展全社会的生产，实现在共同利益基础上的第一、第二、第三产业的协调发展，最终实现城乡全体人民共同富裕的动态过程。城乡一体化是针对城市与乡村之间本来存在的内在联系被人为割裂，从而影响经济、社会发展的现实所提出的，它主要体现城乡之间的经济联系和社会进步的要求，其含义大致可以包括以下4个方面：①城乡经济、社会发展实行统一规划，协调发展，以克服城乡分割、工农分离的格局；②城乡关系上，既强调乡村服务城市，也强调城市服务农村，使之互为依存、优势互补、互相促进；③促进城乡经济、社会、文化的全方位融合；④城乡一体化的建设有一定的社会范围和行政区划，其战略思想和工作方针通常是针对一座城市和郊区。城乡一体化并不意味着城乡一样化，也不意味着变乡为城或变城为乡。城乡一体化不会自然而然形成，也不会在朝夕之间完成，它是一个长期的发展建设过程。城乡一体化是经济社会发展的必然趋势。在人类科技所能预见的高度，农业仍是基础产业，农村发展的好坏，决定着工业、商业等其他产业的发展状况。因此，必须把农业与其他产业结合起来。由于第二、第三产业主要集中在城市，那么实现第一、第二、第三产业的融合，现实中就是城市与农村的经济融合，这也是消除城乡差别的社会主义原则的一个根本方面。

我国城乡一体化发展实践历程，大约可以分为以下三个阶段。

一、从产业割裂到必然选择的探索阶段

改革开放以后，我们对城市和农村的发展，强调城乡经济的差别以及产业的不同的特质性，在政策上采取了截然不同的发展路径。城市重点发展工业和服务业，而在农村主要发展种植业。这两种不同的路径，一方面在城市中迅速建立起比较齐全、完备的工业体系和具备一定功能的服务网络；在农村实现了粮、棉、油的稳定高产，为城市工业发展所需要的原料、城市居民生活资料起到了保障作用。另一方面，随着生产力的进一步提高，明显地呈现出一种城乡割裂的格局，从生产力总体布局的角度看，呈现出城市经济和农村经济"双片面"的发展态势，即城市化发展的片面性与城市和农村经济发展的割裂性。这种"双片面"的发展对于城市经济发展来说，正面临着日益狭小的市场空间，影响着产品价值的实现；对于农村经济发展来看，长期结构单一，生产方式落后，农民收入的增长受限。随着经济改革和发展的进一步深入，农村经济不断发展，在城市经济发展面临着进行更广泛的转移、渗透的背景下，城乡一体化的发展成为必然的选

择。从20世纪80年代中期，我国的东部沿海地区的许多城市开始探索城乡一体化发展的路径。

二、从城乡分割到统筹发展的逐步推进阶段

统筹城乡发展是党的十六大认真总结改革开放20多年和中华人民共和国成立50多年我们党在处理城乡关系问题上的实践经验而提出的一个全新思路，是第一次跳出了以前就农业论农业、就农村论农村的发展思路，把农村的发展放到整个经济社会发展的大环境中统一考虑，这对于打破城乡二元结构、从根本上解决"三农"问题、实现城乡经济的协调发展具有战略意义。党的十六届三中全会又进一步提出，要按照统筹城乡发展、统筹经济社会发展、统筹区域发展、统筹人与自然和谐发展以及统筹国内发展与对外开放的要求，更大程度地发挥市场在资源配置中的基础性作用。这可以理解为是我党对统筹发展理论的进一步发展。党的十六大召开，尤其是十六届三中全会召开后，各地都在结合当地的实际，积极制定统筹城乡经济社会发展战略。

三、从统筹发展到"以工促农、以城带乡"的稳步推进阶段

2007年党的十七大召开，进一步提出："要加强农业基础地位，走中国特色农业现代化道路，建立以工促农、以城带乡长效机制，形成城乡经济社会发展一体化新格局。"工业和农业的关系是随着工业化进程而变化的，在工业化初期，工业从农业汲取资源，农业支持工业；进入工业化中期，工业与农业平行发展；此后，工业应该反哺农业。目前中国已进入工业化的中期阶段，提出"以工促农、以城带乡"是我们党在新形势下对工农关系、城乡关系在思想认识和政策取向上的进一步升华，对于科学认识和把握我国经济社会发展规律，正确处理新阶段的工农关系和城乡关系，落实统筹城乡发展方略，具有重大现实意义。党的十七届三中全会通过的《中共中央关于推进农村改革发展若干重大问题的决定》中又提出，要建立城乡经济社会一体化制度。该文件在加快城乡一体化进程上做出了一系列新部署，提出了更具可操作性的内容，中国城乡一体化发展也进入到稳步推进阶段。

四、全面推进乡村振兴新时代

2017年党的十九大报告中首次提出"实施乡村振兴战略"，2021年我国脱贫攻坚取得了全面胜利，乡村发展正式步入了全面推进乡村振兴，巩固拓展脱贫攻坚成果的新阶段。从"实施"到"全面推进"，乡村振兴成效逐渐凸显，已成为我国贯彻新发展理念构建新发展格局、推动高质量发展的重要组成部分。结合目前我国国情，城乡发展差距仍悬殊，城乡二元结构尚未完全破除，农村各方面发展仍存在一定的新老问题，影响了我国建设小康社会的质量以及建设现代化强国的步伐。所以要走城乡融合发展之路，从整体布局上考虑城镇与乡村的空间关系，通过城镇为乡村赋能，才能真正实现农业更强、农村更美、农民更富，把乡村振兴战略这篇大文章做好。

第二节　当今城乡发展特征

一、资源利用与环境状况

(一) 农村地区资源利用与环境状况

我国农村地区占国土面积的近60%。水土资源丰富，但资源利用效率低，消耗高，单位资源所产生的效益差，与国际先进水平相比存在较大差距，也与国内实际要求存在一定的差异。

1. 水资源利用状况

农村中农业用水始终是我国第一用水大户，2021年农业用水量占全国总用水量的近61.5%，主要是灌溉用水。我国农村中水资源利用浪费严重，节水意识相对滞后，农业用水效率低，每立方米水生产粮食不足1kg，而一些发达国家每立方米水生产粮食大体都在2kg以上，其中以色列已达2.32kg。我国农业节水综合效果与发达国家相比还存在较大的差距。我国农业灌溉水利用系数仅为0.4~0.45，大大低于国外先进水平的0.7~0.8。我国农村生活用水也非常浪费，一方面是由于节水意识淡薄，另一方面是由于水资源的再循环利用及排水系统非常落后。

2. 土地资源利用状况

土地资源利用效率低，浪费严重，主要表现在土地产出率低。一是农业土地单位面积产量尚有提高的潜力（我国尚有2/3左右的耕地为中低产田）；二是非农业建设用地产出率低，全国城镇人均用地面积已超过国家规定人均100m²的标准。

广大农村现存的农用地，管理模式基本上是按照家庭联产承包责任制时农户、人口的分配土地订立承包合同，明确30年不变的。这一做法对土地资源的合理利用带来了一些弊病：一方面是村里的人口变动使土地多寡现象凸显，土地分配有失公平；另一方面是少数人只看重眼前利益，随意改变土地使用类型，在耕地上建房、种树，严重蚕食了有限的耕地。

由于人均耕地面积较少，仅靠纯农业收入维持着低水平生活，多数居民选择了外出务工，有的甚至举家外出。农田或被撂荒，或让给其他人种，存在一户种植多户地的现象，导致粗放经营，广种薄收，降低了土地资源的实际效益，也威胁到土地资源的可持续利用。耕地的零碎性及种植的非规模化，影响了耕地资源的利用效率。另外，很少因地制宜地安排种植结构，缺乏正确的规划与指导，也影响了耕地的生产率的提升。

农村居民点分散建设，布局零乱，占用土地面积大，"空心村"现象严重。甚至出现个别农户住宅任意建设，村民建房没有统一规划。近几年随着县域经济发展的加快，出现了"马路经济"现象，民居沿公路建设，占用了大量耕地资源。农村居民点乱占地，无序、无规划地随意建设，超量用地，一些农户从老村子中心搬出来了，一户占有两处或多处宅基地，空宅基地被荒废，浪费较严重。

3. 其他资源利用状况

其他资源主要涉及农村能源。农村能源主要指农村就地开发利用的能源（如作物秸秆、薪柴、人畜粪便、沼气等）和农村生产、生活用能。目前，我国农村人口主要依靠传统的秸秆和薪柴解决能源问题。煤、油、电、气等商品性能源，在农村地区的使用占比还比较小。具体来讲，农村能源消费情况主要是以下3类：一是做饭用能，主要还是以传统秸秆为主。目前政府力推秸秆沼气池，但沼气投入大，使用效果不稳定，出了问题农民又不知道如何维修，导致不少农民家庭要备好几套做饭设备，浪费比较严重；二是电用能，虽然目前我国99%的农户已经通上电了，但问题还不少，比如很多小城镇拉闸限电非常严重；三是取暖用能，大部分地区还是传统的秸秆与薪柴燃烧取暖。

随着我国社会主义新农村的建设，随着农村生活水平的提高，农村对能源的需求量也在急剧上升，这也加剧了农村能源的供需矛盾。我国农村能源遇到的问题，首先是我国农村生活能源使用结构单一，长期以来以薪柴和秸秆等生物质能为主。随着中长期城镇化、工业化进程的加快，农民和城市居民生活方式越来越趋同，传统的能源不能满足农村生活用能。

4. 环境状况

农村居民点的卫生、排水、交通等设施投入较少，农村生态环境差。由于受经济条件的制约和传统习惯的影响，多数居民点的环境状况堪忧，少数农户把住宅向特殊养殖用地方向发展，人畜不分家，猪、鸡、人同居一栋房，还有一些居民点中没有统一的垃圾处理措施，没有统一的污水排放管道，居民点中的生活垃圾处理不完全，人畜粪便无统一的处理办法，雨天污水横流，道路泥泞、高低不平，卫生标准远没有达到基本要求，不利于农民的身体健康。村庄环境脏乱差现象还存在。与城市相比较，由于环境基础设施和管制的缺失，农民环保意识差，农村的生活废物直接排入其生活环境中，"污水乱泼、垃圾乱倒、粪土乱堆、柴草乱垛、禽兽乱跑"较为普遍。

农村饮水安全保障程度低。农村原有的坑塘等地表水基本不能饮用，河道污染断流严重。农村生活污水、生活垃圾、人畜粪便等处理不善，严重污染乡村河道，许多村内河道被垃圾填埋，因为污染而断流。地下水也受到污染。截至2022年，农村自来水普及率已达87%。在加快提升农村供水工程建设的同时，一方面，要密切关注农村饮用水水源保护。由于农村生活污水、零散养殖污染、种植业面源污染和农村生活垃圾等农业农村非点源污染来源较广，具有时空分散性、复杂多样性的特性，再加上处理设施不完善，这些都成为明显影响农村饮用水水质的重要因素。另一方面，农村供水工程在运行管理上存在的问题和难点是需要长期关注的：一是某些独立运行的供水站，如以山泉水或地下水作为饮用水水源，有待进一步加强水质规范处理，如饮水消毒；二是某些规模较大的农村水厂虽然管理相对规范，但因缺乏专业知识和专业技术人员，在某些特殊情况下的处置能力较弱，会直接影响供水水质安全的稳定性；三是由于农村居民居住分散以及某些地区因外出务工人口较多，导致供水生产管理和系统维护成本比较高，影响了水质安全保障的可持续性，导致饮水不安全，从而引发一些农村地区疾病流行。

工业污染向农村转移加剧。近年来，随着我国现代化城镇化进程加快及城市人口规模扩大，加之产业梯级转移和农村生产力布局调整的加速，越来越多的开发区、工业园区在农村地区悄然兴起，形成了城镇工业废水、废气、废渣等超标排放，已成为影响农村地区环境质量的主要因素。全国因固体废弃物堆放被占用和毁损的农田面积已超过 1.334×10^5 ha。

土壤污染问题严重。由于长期过量使用化学肥料、农药、农膜以及污水灌溉，污染物在土壤中大量残留，直接影响土壤生态系统的结构和功能，对生态环境、食品安全和农业可持续发展构成威胁。据不完全调查，目前全国受污染的耕地有 1×10^7 ha，占耕地总面积的 10% 以上，大多数集中在经济发达地区。

（二）城市资源利用与环境状况

1. 水资源利用状况

近年来，我国城市正处于高速发展期，随着城市化和工业化进程的不断推进，需水量和污染物排放量也会迅速增长，致使水危机状况将长期存在，而且可能有迅速加剧的危险。目前，我国城市水资源开发利用中存在两大问题：一是部分城市的水资源量满足不了用水需求，尤其是以地下水作为供水水源的北方城市和个别沿海城市，缺水量较大，为维持日常供水，多数城市都被迫超量开采地下水，造成地下水位的持续下降，地下水降落漏斗不断扩大；二是城市水资源普遍受到不同程度的污染。具体表现如下。

（1）用水浪费。城市生活和工农业用水都存在大量的浪费。由于管理不善、工程配套差和工艺技术落后，城市管网和卫生设施的漏水很普遍，是城市生活用水中浪费最大的一项。

（2）盲目开采水源，地下水过量开采。部分城市忽视水文规律，肆意开采本地地下水，造成本地地下水超采，补源困难；不经过科学论证，盲目引用邻域水源，造成邻域水源缺乏，同时影响本域补源。沿海城市地下水超采，造成海水入侵、咸水扩散；内陆地下水超采，形成大面积漏斗区，地面沉陷。这些做法严重破坏了生态环境，不利于城市水资源的可持续利用，将严重影响社会经济发展。

（3）城市水资源时空分布不均，缺水严重，配置难度大。我国水资源的空间分布极不平衡，西北内陆、长江以北、长江以南 3 个区域水资源量的比例大致为 5:15:80，长江以南地区大中型以上的城市较少，长江以北地区却较多。这种水资源分布格局与城市分布不相适应，加剧了我国城市水资源短缺的矛盾。

2. 土地资源利用状况

我国大中城市占地规模过大，特别是近几年摊饼式发展，大量占用耕地。从总体上来说，在人口容纳能力、建筑容纳能力和土地产出率三方面各城市差距较大，大城市表现得更为突出，而国内城市用地效益与国外城市相比差距更大。从结构上来说，主要存在居住用地占比和人均居住用地面积偏小；工业用地占比过大，布局不合理；道路广场、绿化用地严重不足，无法满足城市交通发展和改善生态环境的需要；土地用途安排不合理，优地未能优用；土地利用经济效益各地差异较大，发达地区经济效益明显高于不发达地区，用地效益与城市所处区位、城市职能性质和产业结构存在较强关联性，区位条件优越，各项职能发育完全，第二、第三产业发展良好的城市单位城市面积产出高，而传统的内地工业和农业城市区位条件差，经济发展相对缓慢，土地利用效益低，除个别城市如上海、北京与天津外，东中西部城市土地利用效益呈递减趋势。

3. 其他资源利用状况

城市其他资源就能源利用方面而言，除主要利用煤炭与石油资源外，还包括风能资源、地热资源、核能、太阳能及新能源（生物质能源）等。

城市能源利用状况表现为：城市能源供应面临两大高峰（城市化高峰及机动化高潮），形势严峻；城市能源效率落后于世界先进水平，总体而言，我国的能源系统效率为33.4%，比国际先进水平低10个百分点左右，我国能耗强度为世界平均值的2～3倍，甚至更高；能源紧张已经影响到我国城市的发展。早在2003年夏天，我国就已经出现了大面积电荒，又相继出现了油荒及煤荒现象；城市建筑耗能严重，且效率低。目前，我国每年城乡新建房屋建筑面积近$2\times10^9 m^2$，其中80%以上为高耗能建筑；高耗能产业消耗大量能源。自2002年以来，我国钢铁、水泥、电解铝等高耗能产业迅速扩张，高耗能的重工业使能源消耗超常增长，2004年我国每元不变价单位GDP所消耗的能源为0.492kg标准煤，比2001年上升了55.2g。近几年，因房地产业处于调整下行阶段，高耗能有下降趋势。

4. 环境状况

城市虽然文明程度远高于农村地区，但随着近年来的城市化进程的加快，城市无限扩大化，其人口高度聚集，交通拥挤，城市有效的生态生存空间越来越恶化。主要表现在空气、水体、噪声三大污染及垃圾堆积等方面。

当前我国大气污染状况依然十分严重，主要表现为煤烟型污染，各大中城市近期雾霾天气有增加趋势；水体污染普遍，缺水问题严峻。相关调查结果显示，当前我国地表水和地下水均受到一定程度的污染。在我国七大水系中，海河的污染最严重，水质较好的是珠江和长江。在我国26个国控重点湖泊中，只有1个满足二类水质，满足三类水质的有5个。水体污染造成了城市地区严重的饮用水安全问题。因超采地下水，不少大中城市地下形成大漏斗；噪声污染明显，功能区达标率偏低，2007年以来，超过28%的城市区域环境噪声超过60dBA（加权分贝），8%的城市道路交通噪声超过70dBA，而在达到较好标准的城市中，诸多城市的平均噪声值仅稍好于较好标准的临界值；垃圾围城问题突出，全国城市每年产生垃圾超$1.6\times10^8 t$，占世界总量的1/4以上，且仍以每年8%～10%的速度增长，累计堆存量超过$7\times10^9 t$，占地超$5\times10^4 ha$，200多个大中城市已被垃圾所包围。由于我国主要采取填埋或露天堆放的方式，城市垃圾所导致的水体污染、土壤污染、空气污染等二次污染问题非常严重；城市生态系统整体脆弱，众多学者对国内不同城市生态足迹和生态承载力的计算结果表明，我国城市普遍存在较高的生态赤字，城市生态系统呈现出较高的脆弱性，生态失衡问题严重。城市绿地率的不足也表明了我国城市生态系统失衡问题的严重性。据国外学者的研究，50%以上的绿化覆盖率能保持城市良好的生态环境。根据住房城乡建设部统计，我国近年来城市绿化水平虽呈上升之势，但至2020年年末，城镇绿化覆盖率仅为35.29%，建成区绿地率为42.1%。

（三）郊野资源与环境状况

郊野是城市与农村的交会衔接处，目前其功能主要体现在城市中心区服务功能上，并且随着城市中心区整体功能的演化而产生。国内外经验表明，在现代工业化或后工业化过程中，郊野功能主要表现为城市蔬菜水果、肉禽蛋奶等农副产品的供应基地，但随着后工业社会的到来，郊野的休闲旅游度假功能越来越凸显。相对来说，郊野的环境均比农村和城市好，有着资源环境优越、交通便利等方面的优势，为人们提供了较好的生活空间，尤其是为追求高层次生活的人们提供了休闲与旅游的生活场所。

郊野的特点主要表现如下：

1. 丰富的休闲与旅游资源环境

郊野存在各种休闲与旅游吸引物。首先，郊野空间开阔，空气清新，有森林与江河湖泊、绿草红花等生机盎然的原生态，这是市区缺乏而市民向往的自然环境；其次，郊野有田园风光、农家式生活，是城市人们向往的悠闲生活方式。最后，郊野有数不胜数的风景名胜、庙宇古刹、名人陵墓等景观。此外，一年四季郊野景色各具特点，春天可踏青、夏天可避暑、秋天可采摘、冬天可玩雪，不同时令有着不同的休闲与旅游形式。

郊野是人们生活休闲的理想场所，较之农村和城市有着巨大的先天性资源环境优势。目前，其还有许多"处女地"需要人们去规划并开发利用好，以能为现代人们提供适时的、优质的生活环境空间。郊野生活在国外早已受到青睐，在我国必然会有非常好的前景。

郊野度假目前正处于快速发展期。首先，旅游需求和消费观念正在不断变化。随着我国人民生活水平的提高、旅游消费的不断增长及旅游观念的日渐成熟，人们不再满足于单纯的走马观花的观光旅游形式，而渴望在旅游过程中获得休闲和身心的彻底放松，由此，休闲度假这一更高层次的旅游需求产生了。以城市居民为典型代表，他们希望到风景秀丽的地方小住，离开城市到大自然中获得休闲，于是，郊野度假屋应运而生。其次，城市环境的恶化和都市生活的压抑。城市热岛效应、城市水泥沙化现象、严重的环境污染、快节奏的生活、激烈的竞争、淡漠的人际关系等都使城市居民感到身心疲惫，从而产生了所谓的"都市文明病"。尽管城市有种种便利及优越条件，但实际上城市已非人类生存的最佳空间。如此一来，郊野清新的空气、优良的环境和悠闲的生活方式对都市居民形成极大的吸引力，成为人们调剂生活、消除疲劳、恢复健康的理想选择。郊野度假屋便成为市民旅游行为的载体，为人们提供食、住、娱乐等服务。最后，可自由支配收入的提高和节假日的增加。人民生活水平的大幅度提高，使得居民尤其是城市居民的可自由支配收入增加。休假制度进行了重新调整，增加了清明、端午和中秋小长假，为休闲度假旅游的发展提供了现实条件。

郊野度假接待设施（房产）的兴起，从动力机制上看，是来自城市居民躲避恶化的城市环境和都市较大的生活压力、旅游开发商规避城市中心区高昂的地租及其他费用的排斥性内驱力与郊野丰富旅游资源、较低的开发成本及可能获得的优惠政策产生的诱导性吸引力相互作用的结果。

2. 便捷的交通、通信条件

郊野交通和通信条件，随着社会经济的发展也得到了极大提高，城郊间具有良好的可通达性，移动信号覆盖面越来越广，人们在郊野也可以保持全方位的通信畅通，不必担心因生活在郊野而耽误工作。

3. 郊野有着强大的吸引力

郊野的区位条件既能使市区居民摆脱城市背景而有一定的回归自然之感，离城市生活工作地距离不远也能使人有很强的安全感，同时郊野也是市区居民有限的可支配时间、资金与时常的休闲出游欲望实现的最佳契合点。

城市人口的文化层次高、可自由支配收入相对较多，城市严重的环境污染和快节奏的生活激发了市民的休闲度假需求，这种需求比较稳定。我国公民目前每年有 115 天公共假期，这为郊野休闲度假创造了最基本的前提条件。

4. 郊野资源开发利用成本较低

郊野没有城市中心区高昂的地租，开发郊野居住休闲房产的成本较低。除建设成本外，郊野管理的人力资源成本也相对低廉。另外，国家正在大力提倡乡村振兴，加快农村地区建设，特别是农业观光和乡村景观相结合的生态休闲与旅游开发模式，更容易受到多方的支持并热衷于参与其中。

二、城乡人口与生活居住概况

1. 农村人口与生活居住状况

根据国家公开数据显示，截至2021年，我国农村户籍人口7.6亿人，又据农村绿皮书数据，2022年乡村人口继续减少，自1998年来首次出现减少规模不足1000万的情况，2022年末，乡村常住人口49104万人。近年来我国农村人口数量一直呈下降趋势，但下降速度在逐步放缓。随着国家乡村振兴的大力推进，农村人口减少有放缓的趋势，但城市又在加大对人口、人才的引进力度，农村人口转变为城市居民的趋势也在同时进行，加之全国正在推进居民户口新政策，传统农村人口的概念正模糊化，同时农村人口老龄化趋势明显。目前，长年进城务工人员大约在2亿。

我国现有自然村总体数量多，相当一部分自然村规模小，呈现"满天星"式的空间分布形态，土地利用功能低下，基本上只有居住功能，商业零售网点少，文化娱乐、生产服务设施、农副产品加工和基础设施配套基本空缺。同时，农村居民点内行政事业及工商用地比例很低，内部交通设施、公共绿地与其他公益用地配置就更少，社会化服务体系建设缺乏，道路、供排水等基础设施不完善，农民生产、生活便利度不足，制约了农民居住条件的改善和生活质量的提高。

2. 城市人口与生活居住概况

公开统计数据表明，我国2022年城镇常住人口92071万人，城镇人口占全国人口比例（城镇化率）为65.22%。城市人口稠密，居住用地紧张，住宅楼层的设计越来越高。总体上表现为拥挤。生活居住的舒适度较差，特别是一些特大城市，居住环境差，绿化面积少，开敞空间少，空气污染及噪声污染严重。虽然公益设施配置较好，文明程度也较高，但还是不适合长期居住，城市中自然生态资源，特别是水土资源紧张，人均绿化面积非常低。城市人口密度过大，城市人的生活幸福指数也因此大大降低。城市中过于拥挤的交通、居住现状，对城市人的身心健康不利，甚至成为威胁城市人口健康的重要因素，特别是难以控制流行疫病的传播。

我国城市人口格局形成的原因是多方面的，包括：城市经济发展、人口政策、住房政策、城市规划与建设、居民住宅需求、迁居者心理、住宅建设发展水平、土地制度等。各级政府利用行政手段，实现着城市人口稳定有序的增长。在城市人口增长过程中，出现交通拥挤、环境污染、住房紧张及就业困难等难于解决的持续存在的城市综合征。随着城乡一体化及乡村振兴在全国的推进，市民会经常性地离开居住城市，到郊野地区甚至更远的地区去休闲度假，进行旅居式生活，努力提升自己的生活质量。

3. 郊野人口与生活居住状况

郊野地区系城市与乡村过渡地带，因其有良好的生活生存空间与环境，吸引了一些城乡居民来居住。西方发达国家早在20世纪20年代就开始了城市人口居住的郊区化过程，50—60年代西方城市中的中产阶级大量向郊区迁移，形成了人口居住郊区化高潮。改革开放以来，随着我国城市发展和人民生活水平的提高，我国一些大城市工薪阶层已开始住进郊区的单位分房或自购房,人口居住郊区化开始显现,这是我国城市发展过程中的一个重要现象。到郊野居住也成为现代市区居民向往的生活方式。郊野人口成分复杂,部分属于城市人口,部分属于乡村人口,目前主要还是以乡村人口为主,未来随着社会的进一步发展,郊野地区城乡人口会均等化。

郊野地区越来越成为人们追求的理想生活居住场所,它能提供自然生态环境,空间开阔,空气新鲜,人口稀疏,基础设施也较齐全,有乡村及城市的共同优点。未来,到郊野居住生活必定成为城乡人们的共同选择。

三、公共设施与社会保障

改革开放以来,我国农村发生了巨大变化,农民生活水平有了显著提高,农村各项事业得到了长足发展。但与此不相适应的是,农村目前基础设施还较为薄弱,配置依然滞后,依据农业农村部近两年的数据综合表明,我国农村还有7%的行政村不通公路,40%的行政村没有集中供水,2亿左右的农村人口饮水不安全。农村医疗、教育基础设施远远不能满足广大农村人口的需要,与发展的社会经济相比,差距明显拉大。文化娱乐基础设施基本还处于空白阶段,社区公共基础设施更是非常缺乏。

我国农村社会保障较长时期处于落后状况,广大农民医疗支出基本上由个人或家庭来承担。计划经济时期广大农民所享受的社会保障是以公社、生产队为基础的集体经济制度提供的,其特点是全方位、低水平的社会保障。自20世纪80年代中期以来,我国农民收入增长缓慢,城乡差距不断拉大。为了解决这个问题,2002年10月我国明确提出各级政府要积极引导农民建立以大病统筹为主的新型农村合作医疗(以下简称"新农合")制度,2009年又作出深化医药卫生体制改革的重要战略部署,确立了新农合作为农村基本医疗保障制度的地位。2015年1月29日,国家卫生计生委、财政部印发《关于做好2015年新型农村合作医疗工作的通知》中提出,各级财政对新农合的人均补助标准在2014年的基础上提高60元,达到380元。2017年各级财政对新农合的人均补助标准在2016年的基础上提高30元达到450元。其中,中央财政对新增部分按照西部地区80%、中部地区60%的比例进行补助,对东部地区各省份分别按一定比例补助。这一举措使得农民的社会医疗保障得到了较大的提升。

近年来,国家陆续出台了关于加强社会保障的各种规定及政策,如《人力资源和社会保障事业发展"十四五"规划》指出,坚持权责清晰、保障适度、应保尽保的原则,按照兜底线、织密网、建机制的要求,健全覆盖全民、统筹城乡、公平统一、可持续的多层次社会保障体系,积极促进城乡居民基本养老、基本医疗保险适龄参保人员应保尽保,指导地方调整缴费档次和缴费补贴标准,规范个人账户计息办法。加快推进农民工市民化,不断提升农民工平等享受城镇基本公共服务水平。落实农民工与城镇职工平等就业制度,拓宽农村劳动力就地就近就业、外出就业和返乡创业渠道,加强农民工输入输出地劳务对接,培育高素质农民,运用农业农村资源和现代经营方式增加收入。

城市公共设施及社会保障建设较为完善,远远领先于农村地区,基本能满足人们的生活需要。

四、社会经济发展状况

（一）农村社会经济发展状况

我国农村正发生着广泛而深刻的变化。伴随着我国市场化、工业化、城市化的快速推进，农村社会结构发生了深刻的变化。相比于改革开放前，目前的城乡利益关系、农村不同社会阶层间的利益关系更加复杂，农村中的利益冲突及由此产生的矛盾也在加剧。

1. 人口流动性越来越强

改革开放以来，农村社会结构最重要的变化是农村人口社会性流动的增加。根据《2022 年农民工监测调查报告》，抽样调查结果推算，2022 年全国农民工总量达到 29562 万人。

2. 老龄化比城市更严重

随着越来越多的农村年轻人涌入城市，他们处于工作不稳定、待遇低下、缺乏社会保障的境况，又受到城市文明的浸润，"迟婚少生"成了他们的必然选择，导致农村人口增长开始出现"三低"，即低生育率、低死亡率和低人口增长率，同时，老龄化问题也出现了。究其原因，表现为：主要年轻人口外迁；农村的青壮年向更发达、机遇更多的城市流动，留守农村的都是年龄大的老人；农村人口基数大，20 世纪 60—70 年代出生的人现在已成为老年人或迈向老年阶段。截至 2020 年人口数据调查，在农村 60 岁、65 岁及以上老年人口的占比分别达到了 23.81%、17.72%，这一比例显著超出了城市老龄化水平，农村已经步入了中度老龄化，而且城乡倒置现象将继续加剧，到 2028 年，农村 60 岁以上的老年人口的占比或将突破 30%，所以相对于城市来说，农村老龄化问题更为严重。

3. 社会分化在加剧

改革开放前，我国传统的乡村社会结构是一个高度刚性且具有很大同质性的封闭型结构。改革开放以来，农民不再只是从事农业生产经营，不再只是在农村生活和工作，农民开始了前所未有的社会大分化。据公开数据表明，农村有 2 亿多人口长年在城市务工，甚至有一部分人长期在城市中居住，成为城市中常住人口，长年在城市工作生活，受到现代城市文明的影响，整体素质得到很大提升，但其身份处于尴尬的境地。这类人群大部分只是偶尔回农村，虽然原生态的心理文化系农村人，但身在城市，许多人成了产业工人，往往自己也分不清自己到底是农村人还是城市人。其中大部分人在城市居无定所，属城市流动人口，但他们的内心也太不情愿地接受自己是农村人这一事实，因为传统的农村系从事农业生产的人群，但他们基本上已不会或不愿意再从事农业生产了，这是社会经济发展的结果。农村分化的另一个方面表现在地区发展的不平衡，大中城市越来越发达，偏远农村地区显得更加落后，城乡差异进一步加大，主要表现在城乡收入及生活方式等方面的差异上。

4. 村社治理结构"扁平化"

人民公社时期，实行高度集权的政社合一体制，国家行政权力取代了传统的社会控制手段，对农村实行直接控制。改革开放以后，国家主导农村社会的格局虽然没有发生根本性的变化，但国家对农村的控制程度和传统意义上"集体"的职能已被弱化，农村治理方式正发生广泛而深刻的变化。其变化有如下几个特征：一是以村民自治为核心的治理已基本成型；二是"扁平化"的农村社区治理方式正逐步形成；三是农村社会组织结构由一元向多元化方向发展。乡村人口结构也在发生着改变，乡村中居住者不全是传统农民，也有知识分子、企业家，还有商人等社会各阶层的精英人物，加之改革开放以来多年的高速发展，农村地区也有巨大的发展。与传统社会结构相比，农村地区形成了特有的社会结构，其管理方式有现代化手段，也有传统办法，主要还是由党的基层组织发挥着巨大的领导作用。

5. 价值观的裂变

农民群体新的价值观逐渐形成：一是竞争意识增强；二是开放意识增强；三是自主意识增强；四是知识意识增强。同时，在转型期农民身上也必然交织着多重文化冲突带来的矛盾。农民价值观在"旧的神祇已经死亡，而新的神祇尚无力诞生"的真空地带发生积极变化的背后，也隐藏着不少消极的因素。在市场经济大潮的冲击下，在利益机制的驱动下，在城市物质文化高消费的诱惑下，在社会分配的某些不公现象的刺激下，当代农民在价值目标上更趋向功利。

全面取消农业税之后，以农民负担为核心的各种治理性矛盾趋于消解，乡村社会里的社会文化性问题逐步浮出水面，我国农村出现了伦理性危机。这种伦理性危机表现为村庄日常生活中的伦理标准的缺失，并且不同人群对生活的体验和看法出现了明显的分歧甚至断裂。我国乡村社会再一次经历转型之痛，而伦理性危机问题的凸显同时也为当前的乡村研究提供了新的契机。一是婚姻伦理的变化，改革开放以后尤其是20世纪90年代中后期以来，乡村社会生活出现急剧变化，折射到家庭层面，就是离婚现象的增多，并且出现了一个离婚的风潮；二是财富伦理的变化，20世纪90年代中后期以来，随着外出打工农民的日益增多，对于财富的道德判断变得模糊了；三是从治理性危机到伦理性危机的转变："三农"问题的转型。

当然，全面取消农业税以后，治理性危机依然存在，要注意的是农村社会经济的发展，不仅要注重制度层面的变革，也要注重文化伦理层面建设。这样才能对"三农"问题的出路尤其是新农村建设有一个深刻的认识和设计。

6. "三农"问题的提出及表现

"三农"是指农村、农业和农民；而"三农"问题即我国的农民问题、农村问题和农业问题。农民问题：是"三农"问题中的核心，表现为农民收入低，增收难，城乡居民贫富差距大等。农村问题：集中表现为农村面貌落后，经济不发达。农业问题：集中表现为农民种田不赚钱，产业化程度低等。

"三农"问题主要表现如下。

（1）农民收入增长缓慢，城乡差距进一步拉大。1990—2001年，农民人均纯收入只增长4.48%，相比20世纪80年代下降了100%；而同期城镇居民人均可支配收入增长110.15%，年均增长7%，比20世纪80年代增长提高54%。根据国家统计局发布的统计公报，2022年我国内地城镇居民人均可支配收入49283元，农村人均纯收入20133元，二者比例为3.28∶1；而1985年城镇居民人均年工资690元，农村人均年纯收入

397元，二者比例为1.74∶1，20年时间城乡收入差距扩大了85%。

(2) 农村经济体制尚不完善，协调工农、城乡利益关系任重道远。一是农民进入市场组织化程度低。迄今为止，真正代表农民利益的新型合作经济组织发挥的作用还不够，普遍存在规模不大、管理制度不健全、改组解体过于频繁等问题。据不完全统计，我国各类农民专业合作组织有超15万个，加入农民专业合作组织的农户成员占全国农户总数的13.8%。二是农民土地权益缺乏有效保障。农村改革以来，尽管我国一直在探索加强和扩大农民权利的途径，但农村土地制度仍不完善，农民拥有的土地权利仍缺乏有效保障，侵犯农民土地权益的现象还存在。三是农业支持和保护水平低，与财力增长状况不相匹配。从财政"三农"支出所占比例看，财政支农力度与国家财力的增长状况还不完全匹配。四是农村金融改革明显滞后。农村金融体系不完善，农村金融产品和服务方式不适合农村特点。微型金融服务业是我国金融服务业中的"短板"，金融机构一般不愿涉足微型金融服务业。五是公共财政覆盖农村范围有限。农村行路难、饮水不安全、供水难、环境污染难治理等问题仍然突出。城乡教育资源差距大，基本医疗服务城乡差距过大。我国农村社会养老保险、医疗保险、最低生活保障以及失地农民社保、农民工社保等社会保障制度极不健全。六是城乡劳动者平等的就业制度尚未形成。

(3) 农村社会不平等程度依然存在，兼顾各方利益和搞好社会管理难度加大。改革开放40多年来，总的趋势是农村居民不同群体之间的收入差距不断扩大，农村贫富分化趋势加速。农村多元利益主体的格局已经形成，城乡利益关系、农村不同社会阶层间的利益关系复杂化，由此产生的社会矛盾也在变化。原因主要有：农民利益诉求表达渠道不畅；农村社会组织作用发挥不足；进入21世纪以来，农民收入增长保持了年均6%以上的速度。这是在粮食等农产品价格大幅度上涨、各项支农补贴持续增加的基础上实现的。如果今后国民经济出现较大波动，农民增收可能出现徘徊甚至滑坡。

(二) 城市社会经济发展状况

中华人民共和国成立以来，我国的城市社会经济建设发生了翻天覆地的变化。城市化进程快速推进，城市发展布局和结构日趋合理，城市经济在国民经济中的重要作用日益显著。城市建设日新月异，城市居民生活质量和生活环境得到极大改善。

1. 城市化进程快速推进，发展布局和结构日趋合理

中华人民共和国成立以来，我国城市化水平大幅提高，城市个数由之前的132个增加到2022年的684个，城市化水平由1949年的7.3%提高到2020年的63.89%。城市化进程经历了以下6个阶段：城市化起步阶段（1949—1957年）；城市化波动较大阶段（1958—1965年）；城市化停滞发展阶段（1966—1978年）；城市化快速发展阶段（1979—1991年）；城市化稳定发展阶段（1992—2008年）；城市化高质量发展阶段（2009—2020年）。

城市规模不断扩大，结构日趋合理。改革开放以来，我国小城镇发展呈现新局面，小城镇数量迅速增长。2018年年末全国共有建制镇21297个，比1978年增加19124个。新建的建制镇大多由原乡建制发展而来，是分布广泛的乡村中心，并正在发展成为以农业服务、商贸旅游、工矿开发等多种产业为依托的、各具特色的新型小城镇。与农村工业化的发展相伴生的小城镇发展打破了城乡分割的体制，推动了我国城镇化发展。城市的发展与经济发展一样，也进入了一个新的时期，城市数量激增，城市人口持续上升。

特别是东部沿海地区摆脱了徘徊不前的局面，城市人口占全国城市人口的比例重新上升。城市之间优势互补，一些特色城市不断涌现，如新兴的深圳市、三门峡市、丹江口市、绵阳市、黄山市、张家界市、丽江市。

城市群发展迅速。以城市，特别是以大城市发展为代表的，城市区域空间为主体发展的新格局日益显现，一些区域具有区位、资源和产业优势，已经达到了较高的城市化水平，形成了城市发展相对集中的城市群或都市圈。在东部沿海地区密集的城市群，聚集的城市人口和经济总量就已经成为我国的经济发展的核心。国家统计局数据表明：2022年京津冀、长江三角洲（以下简称长三角）和长江经济带地区三大都市圈地级及以上城市地区生产总值（包括市辖县）分别为100292.7亿元、290288.8亿元、559766.4亿元，三大都市圈地级及以上城市地区生产总值（包括市辖县）占全国生产总值的78.9%。

2. 城市在国民经济发展中的地位日益提高

2008年全国地级及以上城市总面积（包括市辖县）$4.694×10^6 km^2$，占全国土地总面积比例为48.9%，全国地级及以上城市（不包括市辖县）地区生产总值186279.5亿元，占全国GDP（国内生产总值）的比例为62%。2008年全国地级及以上城市（不包括市辖县）地方财政预算内收入16892.7亿元，占全国地方财政收入的59%；地方财政预算内支出21296.7亿元，占全国地方财政支出的43.4%；年末金融机构存款余额333639.8亿元，其中城乡居民储蓄年末余额138543.8亿元，分别占全国的71.6%和63.5%。2021年GDP总量超过万亿元的共有24座城市，长三角和珠三角（珠江三角洲）城市占了总数的一半；GDP介于5000亿元至10000亿元的共有30座城市；GDP介于3000亿元至5000亿元的共有51座城市；GDP介于2000亿元至3000亿元的共有50个地级行政区；GDP介于1000亿元至2000亿元的共有91个地级行政区；GDP低于1000亿元的共有90个地级行政区。城市在保持经济快速发展的同时，以服务业为代表的第三产业得到迅速发展，城市的产业构成实现了优化升级。2022年全国地级以上城市（不包括市辖县）第一、第二、第三产业的增加值分别为88345亿元、483164亿元和638698亿元。

3. 城市功能日渐完善，居住生活质量明显提升

城市道路交通四通八达，邮电通信迅速便捷，教育文化卫生事业发达，精神文化生活日益丰富，社会保障体系日趋完善，城市环境更加优美，居住条件大大改善，城市居民生活质量明显提升。

（三）郊野社会经济发展状况

郊野社会经济发展已经发生了巨大变化，经历了从被忽视到被重视再到受冲击到现在的快速发展的复杂过程。随着改革开放之后郊野发展受到重视，特别是在乡镇企业大发展期，郊野发展较快。到1997年、2003年两轮乡镇企业产权制度改革阶段，强调增强企业活力而忽视了村集体经济的重要性，再加上市场经济的冲击，使一些企业由于缺乏管理人才，且离开集体支撑，致使集体企业破产、资产流失，郊区集体经济为主导的格局发生了大的变化，集体经济收入锐减。集体经济职能的退化，给村级公益事业、农民增收、社会稳定带来较大影响。土地是农民的保障与归宿，因此，一般情况下农民都不会抛弃土地，而是继续开垦与种植。但农民通常都不会将主要财力、精力以及体力置

于土地上,对于土地增收问题农民并不在乎,土地现在只是维系农民身份及基本保障的象征。近几年来,郊野开发及发展处于热潮期,特别是在乡村振兴的全面推进时期,其前景远大,势必成为人们生活休闲的重要聚集地,不久的将来必将会为推动社会经济的整体发展而产生巨大作用。近期及未来相当长的一段时期,郊野的休闲农业、乡村旅游业及住居产业的发展还会加速,其社会经济效应还会得到较快提升。

第三节 现代城乡发展模式提出的必然性

随着社会的全面发展,现在的农村及城乡状况,还有很大的发展空间,也有发展的紧迫性。正值此大背景下,本研究团队提出了现代城乡发展模式,简称为CSC(Country Suburbs City)模式。

现代城乡发展模式提出的必要性表现在以下3个方面。

1. 目前城市郊区化建设并不符合我国的国情。这种为追求规模不断向周边地区蔓延发展的城市化建设道路,若任其发展则不可避免地产生一系列"城市病",最终使处于蓬勃发展阶段的城市化建设遇到阻碍而停滞不前。这种"城市病"在我国开始逐渐暴露出来。其主要表现为:

(1) 布局分散、城市整体规划相对落后。在城乡接合部,规划与管理出现"被遗忘的角落"和"真空";

(2) 占地过多,土地利用矛盾突出;

(3) 道路交通、公共服务等基础设施建设相对不足或落后;

(4) 城市历史文化遗产不能得到妥善保护;

(5) 城市建设中的人文问题严重。

2. 郊野休闲生活方式的发展是现代人们提高生活质量的必然追求,也是经济发展的必然选择。随着社会生产力的提高、经济的快速发展,城镇居民对自己的生活环境越来越不满意,并伴随着生活与工作节奏的加快而渴望恢复由于工作单调、枯燥、紧张而受到影响的身心健康。由于城市化的发展,人口高度集中、环境高度人为化,到处是高楼林立,使每个人、每个家庭都生活在各自有限的固定空间里,产生烦闷、压抑的感觉,人们迫切需要到开阔的空间,到大自然中去透透气,渴望回归自然。

3. 正确合理地处理农村、郊野、城市三者的关系,能够极大提高资源利用效率,促进产业结构优化,是可持续发展的必然要求。郊野是关键,是城市板块与农村板块的交会衔接处,其功能主要体现在为城市中心区服务上。郊野的功能内涵会随城市中心区整体功能的演化而演化,其原有功能主要是作为城市蔬菜水果、肉禽蛋奶等农副产品供应基地,但随着后工业社会的到来,郊野的休闲度假功能越来越凸显。其功能有内容的广泛性、层次多样性、较强参与性等特点。因此,在充分分析市场需求的基础上,结合各区的资源特色及城市建设,考虑区域间经济、文化、资源等方面的因素,合理整合资源,联合促销,联动开发,形成整个城市-郊野-农村相结合的特色鲜明、整体协调、全面综合的区域经济开发新局面。再整合郊野休闲产业结构,就是淡化产业界限,从大旅游的角度出发,从满足旅游者休闲需求的角度出发,充分利用其他产业的相关功能,进行农业与休闲旅游业的融合、工业与休闲旅游业的融合以及第三产业中的文化、体育、娱乐、商业等产业与休闲旅游业的融合，使不同产业充分发挥其功能，进行联动开发，促进城乡经济的整体提升。

第四节 现代城乡发展模式的可行性

一、我国城市生活空间变化巨大

现阶段我国城市生活空间已经随着社会、经济、科技和城市化的发展而不断变化。主要集中在以下3个方面。

1. 城市生活空间分异

居住生活空间上表现为市中心区综合楼形式的高收入阶层生活空间，市中心区周围的中高收入阶层生活空间，城市边缘区的高级公寓、经济适用房、为工业区配套的居住区生活空间及外来人口的极差的棚户区生活空间；消费文化生活空间表现为高收入阶层消费文化生活空间、中等收入阶层消费文化生活空间和低收入阶层消费文化生活空间。

2. 城市生活空间结构的演化

一方面，中心城区的空间结构由过去以工业区、办公区、居民区为主要布局方式演变为以商业区和其他服务业为主的区域布局，同时，工业和住宅逐渐向郊区转移。另一方面，由于工业和人口的大量迁移，加速了城市近郊地区的城市化进程。工业聚集的发达地区也是城市郊区发展最迅速的区域。随着现代社会发展及人们对理想生活与工作环境的更好追求，许多城市形成了老城区及新城区并存的局面，老城区主要承担传统的城市功能，新城区以生态化、休闲化、高新科技化为特色，且居住环境、交通及管理等更具现代化，以宜居宜业为宗旨。

3. 城市生活空间布局低密度、郊区化

由于中低收入家庭无力购买市中心区价格昂贵的住房，加上经济适用房政策的实施，大大促进了郊区城市化。开发商对地价和环境的过度追求，使得城市生活空间布局过度向外扩张，有的甚至已扩展到远郊区。

二、郊野休闲度假功能凸显

随着后工业社会的到来，郊野休闲度假功能越来越凸显。郊野休闲度假拥有充分的条件：有较丰富的旅游资源及便捷的交通、通信条件。从目前国内旅游和假日旅游消费的行为特征来看，人们对旅游产品的功能需求和对目的地的选择均发生了很大的改变，总体上已从远距离的观光游览转向近距离的休闲游憩，城市郊区已经成为人们出游目的地中增长最快的区域，并成为城镇居民外出休闲和度假旅游的首选。同时，旅游者日益倾向于体验性的游憩生活需求。

三、整合农业农村产业链，必然会走向现代城乡发展模式

受新农村建设、乡村振兴战略等相关政策的激励，打破城乡二元结构，整合农业农村产业链必然会走向现代城乡发展模式。其可以使农业产品销售路线更广泛，有效地解决当前农产品积存、销路不畅等问题。用休闲生活产业带动农业，根据市场需求开发系

列现代农业观光产品、参与式产品及度假产品,并分阶段配套建设乡村民宿、乡村度假别墅及综合接待服务中心等,达到实现农民增收,促进和谐社会建设,丰富郊野休闲及旅居产品的综合目的。

四、利用好郊野山水资源,打造生态休闲居养成为可能

随着近年来农村人口的转移,农村地区生态环境的改善,城市地区的环境压力的增大,愿意到农村郊野地区居住的人越来越多。农村郊野地区依托天然的物质环境条件开发发展休闲养生居住产业已成为可能。

第一,2013年中央一号文件中提出了:推进农村生态文明建设,发展乡村旅游和休闲农业;创建生态文明示范县和示范村镇;开展宜居村镇建设综合技术集成示范。这为开发建设提供了大前提,也指出了休闲与养生居住在农村发展的可作为性,即方向定位。

第二,城市定居生活的压力凸显。随着大中城市的发展,后工业化压力的加大,城市生活环境越来越与城市人们的需求产生差异。对农村天然环境的追求愈发有期待感,一是能享受到天然的水、土、空气等环境;二是可以有条件地品尝新鲜绿色的食品;三是对生命体验的加深,向往长寿的生活乐趣等;四是可减轻城市的承载压力。

第三,现有水土资源的有限性,需要开发新的水土资源,满足人们对更高生活追求的需求。农村一些未经开发的水土资源,如交通条件较好的广阔的山丘地带或非深山地带,且有较好的水资源条件,而发展林业或经济作物种植的价值不高,但作为养生居住地较为理想,这一类的地带可作为生态休闲养生居住地来开发,并可与当地农业结合起来发展休闲旅游产业。这样可整体提升农村水土资源的利用效益。

第四,发展此类休闲养生居住产业,可丰富农业产业链条。休闲旅游业是较为高端的产业,农村休闲养生居住产业既能满足追求较高的人们的需求,又能带动农村生产的发展,还能带动当地就业。

当然,要开发农村休闲养生居住产业,必须做好环境评估及规划工作,不能盲目开发,不能产生新的环境问题。

五、我国建筑技术水平不断发展,为现代城乡发展提供了坚实的基础

自经济改革以来,我国建筑行业可谓发展迅速,伴随着资本投资、技术进步和建筑材料的利用改善,我国建筑已步入新的发展阶段。我国已实现建筑设计水平的迅速升级,通过引入新技术和制造技术,大大提高了建筑材料的使用效率,如钢筋混凝土结构及各种新材料,成为我国建筑行业最新发展的关键所在。除此之外,我国建筑行业每年以超过20%的增长速度投入大量资金,力图在投资上实现更高的收益,因而将来还会有更大的投资,有助于强化现代建筑技术。同时,我国的建筑企业也正在积极探索更多的智能系统,例如智能照明设计,这些都能让建筑更环保、更高效、更有创意,并在国外形成竞争优势。

第二章 现代城乡发展模式的研究内容

第一节 现代城乡发展模式的基本概念

乡村振兴背景下现代城乡发展模式的提出缘由在前文是已讨论，本节探讨其基本概念。

一、现代城乡发展模式的释义

现代城乡发展模式，简称为 CSC 模式，其中第一个 C 是 Country（农村）；S 是 Suburbs（郊野）；第二个 C 是 City（城市）。CSC 现代城乡发展模式中 S 在区位上是连接点，是集农村与城市优点于一体的生活环境场所，是两个 C 的交汇点；第一个 C 是广大传统农村，第二个 C 是现代城市群，S 是联结者，是未来的理想选择及时尚生活场所，郊野生活是现代人的极品生活方式。随着时代的发展，其必将成为关注的重点，必将成为人们休闲的热土，也必将成为人们生活场所的重要选择。第一个 C 目前既为人们提供生活居住场所，也为人们的基本生活提供高质量的食物供应及生态环境保障，第二个 C 主要为部分人们快节奏的工作及生活提供主要场所，是社会政治经济文化等全面高度发达的地域。第二个 C 目前综合发展程度比第一个 C 高，甚至远远超越了其发展水平；但就生态环境方面来说，前者要优越于后者。

二、现代城乡发展模式的基本特征

1. CSC 模式是以三点多线带面的现代模式

农村、郊野、城市 3 个大点中，目前郊野是重要的节点，城市是重点，农村是弱点；将来郊野是重点，城市是次重点，农村是基本点。3 点都有无数的辐射线，特别是郊野的辐射线最多。由点线而形成面，如图 2-1 所示。

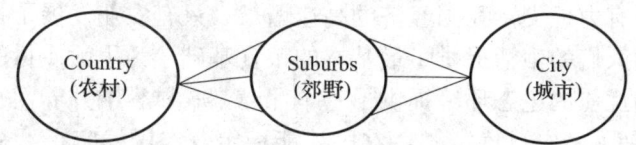

图 2-1 Country（农村）、Suburbs（郊野）、City（城市）关系图

2. 现代城乡发展模式从本质上要求"四实现一兼顾"

现代城乡发展模式从本质上要求"四实现一兼顾"，即：实现城乡社会（政治）管理体制的协调统一；实现城乡经济的科学合理布局，促进城乡经济的协调发展和共同繁荣；实现城乡人口的均衡分布；实现城乡文化的均衡发展；同时兼顾城乡发展的特殊性和差异性。现代城乡发展模式的核心设计是为了高效利用有限的资源，保护好生态环境，提高人们的生活质量，全面提升社会发展水平。其涵盖物质文明、生态文明、精神文明、政治文明。

3. 现代城乡发展模式的出发点在于城市、郊野、乡村三方面共同协调发展

现代城乡发展模式的出发点在于城市、郊野、乡村三方面共同协调发展。注重生态环境平衡，三者融为一体，真正实现城乡一体化，能相互融合，共享一切良性资源。由点及面，打破现有的城乡二元结构模式，合理优化资源配置，使原有模式更适度化、合理化、具体化。其基本内容应该包括：现代城乡发展模式规划布局合理化、科学化，居住环境生态化、舒适化与人性化，农产品安全化，服务业完善化，各产业分工系统化，就业、教育、卫生和社会保障等社会事业全面化等。

4. 现代城乡发展模式能推动社会全面发展

现代城乡发展模式（CSC）中的第一个C是现代化的新农村，能为农民提供现代文明的生产生活方式；S是现代人追求的休闲生活空间；第二个C是适合人们居住的现代文明城市。现代人们追求的是全方位发展，而人本身也需要全面发展，只有这样，人们的生活质量才会大大提升。如果现代城乡发展模式能够获得成功并得到推广，人们不再为生活与工作的压力困扰，人们面临的压力必然要被释放，人们会在生活与工作中真正享受生命的过程与意义。

第二节　现代城乡发展模式的构成

现代城乡发展模式主要从构造生态和谐的农村、郊野与城市环境，提高现代人的生活质量，加强城乡水土资源的高效利用等方面来进行探讨。

一、农村是现代城乡发展模式的最基本保障

（一）农村基本功能

农村（Countryside）自古以来一直是社会存在及构成最基本与最主要的元素。

1. 农业稳定发展促进我国经济体制的改革与发展

农村中的农业是国民经济的基础，是人们赖以生存的最基本的生产生活保障。农业在我国历来被认为是安天下、稳民心的战略产业。农业稳定会带动和促进中国经济体制改革的全面展开，有力地支持我国经济的高速增长。只有农业发展了，农村才有稳定的基业。农村生产为人们的生活提供了最基本的粮食基础，为生活质量的提高提供了丰富的营养养料，还为优质的生态环境提供了基本保障。农村容纳并养活了大量的人口（农民）。只有农业发展了，农村稳定了，农民才能稳定，农民稳定了，社会的稳定基础才能有保障。有什么样的农业就有什么样的农民，有什么样的农民就有什么样的农村，因此，农业是社会稳定发展的关键所在。

2. 家庭联产承包责任制改革推动了整体国民经济的改革与发展

家庭联产承包责任制改革，不但较快地改善了农村的状况和农民的生活水平，也由此推动了我国经济体制改革及社会多领域的改革并深入发展。首先是实现了农村的较快发展及变革，家庭联产承包责任制极大地调动了广大农民的生产积极性，呈现了古今未

曾有过的农村新局面，人们生活得到了空前的大提升；其次是推动了整体国民经济体制的改革；最后是引起社会行政管理体制的改革。

农村的巨大变革，为社会积累了巨大的财富。主要体现在：土地生产资源从农业转移到工业中，为社会发展提供了巨大的超额财富；从农村直接或间接形成的巨额资金，为社会全面发展提供了资金支持；农村剩余劳动力为社会建设提供了强大的人力支持，其对社会发展功不可没。

但在目前的市场经济条件下，农业的弱质性进一步降低了农业的比较效益，严重制约了农村发展，也就逐渐引发了两类"三农"问题。农业、农村、农民，是人们熟知的中国"三农"问题，当政府、农民以及理论界、经济界和社会各界还在致力于解决和研究这类"三农"问题时，又出现了新的"三农"问题，即农民工、"老人农业"和"空心村"。这类问题一直制约着我国农村的发展。程必定（2011）在研究"三农"问题时提出了新农村"四就"发展新思路，即推进农业就地产业化、农民就地职业化、农村就地城镇化和户籍就近镇（市）民化。这和现代城乡发展模式下的农村问题的建设不谋而合。

随着"三农"问题的解决，农村的强大的社会功能将继续发挥着唯一且无可替代的基础性作用。

（二）现代城乡发展模式的农村构建

农村大的概念包括农村中的一切生产生活过程，其中"三农"问题就是集中的体现。现代"三农"概念是农业生产经营决定着农民的一切活动及其生活质量高低，而农民决定着农村的建设与发展。也就是有什么样的农业，就有什么样的农民，有什么样的农民就有什么样的农村。

1. 未来的农村建设要有新理念

传统农村布局建设主要关注农居的局部方面，与现代生活标准差距越来越大。农村村落要本着"乡风文明，生态宜居，治理有效，产业兴旺，生活富裕"的总体要求，做到生态环境优美，村内交通畅通，饮水安全等，吸收城镇建设的优点。在村庄建设上，逐步形成农村环境生态化、农户住宅成套化、村容村貌街面化、村务管理民主化及产业发展园区化的新形态。而且，村庄内部和外部的发展互为条件、相互影响，融为一体，城镇、郊野、农村各具功能，成为人们美好幸福的家园。村落建设要有必备的公共设施，一些条件好的村庄也可以利用相邻城镇便利的公共服务与设施，逐步形成产业发展上的有机衔接、基础设施上的共建共享、社会事业向城镇的全面融入、文化观念受城镇的深度影响。

2. 未来农业生产要向现代农业发展模式转变

未来农业是不同于传统农业的现代化农业。传统农业是以家庭为基本单元的小弱农业；未来农业是规模化生产的农业，是生产及经营都要有标准化的农业，是要面对市场需求的农业，也是有复杂的产业链条的农业，未来农业是产业化的农业。

未来农业是大农业、新农业。新农业是以农村公有制为基础，用现代物质条件装备农业，用现代技术改造农业，用现代产业体系提升农业，用现代经营形式推进农业，用现代知识培育和提高农民素质，提高水土生产率、资源利用率和农业劳动生产率，增加农业效益和竞争力。现代农业的特征如下。

(1) 农业规模化生产与经营

要改变目前弱、小、散、差的家庭生产方式，土地向农业生产的专业大户、家庭农场、农民合作社及农业工厂集中，适度规模生产经营，这是农业走向强大的先决条件。没有适度规模化就没有经营的效益化。受现代城乡发展差异加大、农民进城务工及农业生产效益不如工业效益等多重因素的影响，我国南方人均耕地面积小的地区抛荒耕地的现象比较普遍，近几年普遍采用了耕地流转进而适度规模化集中耕种，农业规模化生产的效益明显提升。

(2) 标准化生产经营

农业生产的一切流程都要按标准来操作进行，从种子到初级农业产品、再到运输，最后到餐桌，都要有标准指导及检查，特别是农药化肥及土壤的环境安全，要严格按标准进行生产使用，做到绿色无公害，并提高生产资料及资源的利用效益。

(3) 产业化生产与经营

农业生产要面向全球和实现农工贸一体化，实现产加销相结合，农业产业化生产与经营已成为推动我国农业发展壮大的重要途径。拓展农业生产与经营多元化的方向，向农副产品加工、医药化工、乡村观光休闲及能源环保等新型产业延伸，促进农业全面发展。以龙头企业带动辐射作用，"公司＋农户""合作社＋农户"的经营模式，以股份合作制来筹集社会资金进行经济生产建设，公司利用股份合作制使产加销、农工贸等诸多环节连接起来，拉长了产业链条，形成"产、供、加、销"集群一体化发展的现代农业生产经营方式。

(4) 科技化生产与经营

科技化主要用于农业节水种植技术、育种技术、产品加工、产品包装及产品经营等方面，用科技装备农业产业的各个环节，是现代农业区别于传统农业的明显特征。科技化生产与经营是未来全球农业发展的必然趋势。

(5) 集约化生产与经营

农业资源特别是水土资源较为稀缺，加之我国人口多，节地、节水、节能、节资、节力、节排等是当务之急，集约利用好有限的资源，减少污染，做到生态绿色生产，是农业生产的最基本要求。循环利用农业废弃原料，通过分类处理，变废为宝，提高农业资源利用率。集约化生产与经营是现代农业的最高理念，其对提升人们生活质量以及对生态环境的维护和改善有着极其重要的作用。

(6) 市场化生产与经营

农业生产形成规模之后，有了产业化的拓展，就能开拓市场，除确保粮食安全外，其他种、养、加、休闲等方面的产业可有针对性地进行特色化及专门化的生产经营，以提高市场竞争力，增强农业产业的活力及农村经济实力，为农民增收服务。

(7) 典型现代农业经营模式

① "一村一品""一品一业"：是指在一定区域范围内，以村为基本单位，按照国内外市场需求，充分发挥本地资源优势、传统优势和区位优势，通过大力推进规模化、标准化、品牌化和市场化建设，使一个村（或几个村）拥有一个（或几个）市场潜力大、区域特色明显、附加值高的主导产品和产业，从而大幅度提升农村经济整体实力和综合竞争力的农村经济发展模式。此模式是立足本地面向市场，自主自立，刻意创新的一种

经营方式。在我国,"一村一品"已具有了相当规模。

②观光农业:是一种以农业和农村为载体的新型生态旅游业。近年来伴随全球农业的产业化发展,现代农业不仅具有生产性功能,还具有提高生态环境质量,为人们提供观光、休闲、度假的生活性功能。观光农业园区景观形态可呈现为物理形态、生态形态、文化形态,其以农业为重点和核心,具有明显的农业产业的特点。必须有一个良好的、个性鲜明的主题,才能保证观光农业富有生命力。按农业结构分类,可分为观光种植业、观光林业、观光牧业、观光渔业、观光副业、观光生态农业等。

③休闲农业:休闲农业是利用农业景观资源和农业生产条件,发展观光、休闲、旅游的一种新型农业生产经营形态;也是深度开发农业资源潜力,调整农业结构,改善农业环境,增加农民收入的新途径。在综合性的休闲农业区,游客不仅可观光、采果、体验农作、了解农民生活、享受乡土情趣,而且可住宿、度假、游乐;其以乡村自然、人文、社会资源为依托,以农业生产和乡村生活为载体,进而演化为具有较高文化含量和休闲价值的新型业态,为外来游客和本地居民提供新型农业产品和服务体系,以满足人们在物质和精神文化方面的需求。

中国目前休闲农业发展的模式多种多样,主要包括连片开发模式、"农家乐"模式、农民与市民合作模式、产业带动模式、村镇旅游模式、休闲农场或观光农园模式、科普教育模式、民俗风情旅游模式及休闲度假模式等。

④创意农业:其是借助创意产业的思维逻辑和发展理念,人们有效地将科技和人文要素融入农业生产,进一步拓展农业功能、整合资源,把传统农业发展为融生产、生活、生态为一体的现代农业;其完善了农村多层次产业链,创新了农业发展模式。

3. 未来农民成为一种职业

未来农民的出路在哪里?传统农民的出路从目前社会发展形势来看,基本有3大方向:一是通过新农村建设,改善农民自身生活生产条件,一部分留在原来农村继续从事农业劳动;二是通过走向城市化,即在现有的外出农民工的基础上,鼓励有条件的农民通过学习与培训或一技之长进入城市,通过为城市服务而生活在城市中;三是通过现在启动的城镇化进程,即通过城镇化建设,建立新的城乡产业链条,鼓励农民在离农村较近的乡镇居住与就业,作为乡镇发展的生力军。

未来农民到底是谁呢?未来农业会形成规模化、产业化,大多数种地的人不是传统意义上的农民,农民会成为一种职业,农民必须有专业技能,会应用现代技术工具,成为真实的种地高手。还可能成为农业的投资者、管理者、产业工人,以及为农业服务的经营者。多数农民在自己的家乡能安居乐业。也就是未来的职业农民不仅有文化、懂技术、会经营,而且会有较高的经济收入,不会轻易离开农村,而且有建设维护新农村的理念、技术和组织能力与适应能力,职业农民是新农村建设的基础保障,也是人才保障。未来农民的组成包括:留在原地的以家庭承包为主的传统的自给自足的农民;经过专业学习或训练,有素地掌握现代科技的知识型、走规模化的新农民;拥有强大实力、走产业化之路的组织机构或联合体。

4. 未来的农村是理想家园

现代城乡发展模式的农村是山水景观、生态环境优美的自然与人为结合的适合人们生存的理想家园。各个村落的自然地理景观优美,生态环境优越,生活条件理想,农村景观错落有致，卫生环境达标，山清水秀，水土资源环境无污染，内外交通发达，生产规模化，劳作方式更简易机械化，生产效益高效化，农民收入高增长甚至超越城镇人口的平均收入，文化素质普遍提升，乡风文明，村容村貌城镇化，农村生态、经济、社会效益可持续发展。农村将以其优美、舒适、快捷的环境吸引大量投资而成为高科技研发、投资、居住、休闲场所。随着"乡村振兴战略"的大力推进，城乡发展差距不断缩小，农村必将成为宜居、宜业、宜游的美好幸福的家园。

5. 未来农村的规划

未来农村规划对乡村振兴建设的影响非常重要，应把握一定的原则。

（1）要有长远观及现实观。农村规划要有长远的预见性，要用发展的眼光思考农村建设问题，保持农村与城市的发展有同步性；同时还要看到农村的自身特点，农村有其不同于城市及郊野的优点与弱点，农村规划要有真实性及现实观。

（2）要兼顾人性化及实用性。农村规划要考虑传统习惯与现代文明相结合，针对农村生活与生产的特性，人性化设计建筑物及基础设施；同时还要考虑其实用性，不能照搬城市的风格，更不能成为"花架子"。

（3）要有集约利用资源观及生态观。农村规划要改变传统村庄的"散大空"的状况——人均占地面积过大，浪费宝贵的土地资源，对水资源的利用粗放。要有集约利用资源观，还要考虑不能破坏生态环境，尽量减少对环境的破坏，即生态观。

（4）要有城乡一体化原则。农村规划要有现代意识，规划设计要考虑到与城市相融相关，在各方面都要与城市有连接，与城市相互支持、相互补充。

农村规划设计涉及的内容很多，关键要考虑以下几方面。

（1）资源。农村资源主要是水土资源，规划首先要考虑的是农村水土资源利用效率，因地制宜，规模适度，优化生活及生产所需资源的比例，综合高效利用。

（2）环境。农村规划本底环境优越，尽量利用好生态环境及原生景观，就地取材，生态及景观稍弱的地方可考虑人工改造，创造次生优越环境。

（3）村容。规划设计要吸收传统的农村村落的优点，同时加入现代城市的设计元素，村容整体美观，内部有序，生活舒适便利。

（4）人口。规划设计农村村庄的人口要适度，关键要考虑生活与生产的适度比例，人口规模不能偏大也不能偏小。

（5）文化。规划设计农村时，要充分吸收当地的传统特色文化元素，同时融入现代文明元素，提升农村现代文明文化素质。

（6）公共设施。规划设计要充分考虑农村地区的公共设施的建设，解决好医疗难、上学难、交通不便利、用水不卫生等问题，统一供应自来水，保障通电用电方便、通信畅通等。

（7）产业。规划要重视农村地区的产业规划，要稳步提高第一产业的效率，生产出绿色安全的粮食及农副产品；适度安排第二产业的投入；大力增加第三产业的投入，丰富产业链，为农村地区提供更多的就业机会，并带动农村经济的发展。

（8）交通。农村交通对农村发展非常重要。"要想富，多修路"这一至理名言早就深入人心。现在农村交通路网建设较为完善，但一些地区农村交通还需加强规划设计。

二、郊野是现代城乡发展模式的重要节点

郊野（Suburbs）是现代城乡发展模式（CSC）的重要节点，从文化层面上来说，其能传播现代先进的文化文明风气；从生态环境上来说，郊野地区正是因为有着良好的生态环境，才适合现代人居住，并能吸引现代人去居住，同时也能保护并维护良好的生态环境；从经济上来说，目前要多方引进资金，政府财政投入应占大部分，另外还应加大社会资本的投入，一旦郊野地带成熟了，必然产生良好的社会经济效应，增加当地服务行业的就业，拉动经济发展，形成良性循环。

（一）郊野是文化传播连接点

在社会、文化方面，郊野地区会在一定程度上促进先进文明风气的传播，居民的经济意识、审美角度、生活方式等方面会发生巨大的变化；并且会引起地方文化认同感的加强和复兴。

目前，郊野因为其自然和生态条件在现代生活中的休闲旅游功能十分突出。旅游现象的产生使旅游者和接待地的居民有了直接或间接的际遇，这种际遇导致了旅游者所带来的文化同接待地地方文化的直接碰撞，从而对旅游者和接待地都会产生影响，并产生文化的传播和扩散。

去郊野休闲，体验者一般来自经济较为发达、人均收入较高的城市或地区，而许多旅游资源丰富的郊野，经济却落后。来自城市的休闲体验者的消费及其言谈举止造成的"示范效应"，导致接待地居民不切实际地认同和模仿，从而引发思想和行为的变化，如丽江地区的泸沽湖就是典型的一例：一开始当地的村民只是把游客当客人和亲人对待，食宿均不收费，随着旅游业的进一步发展，旅游者所表现出来的行为提高了他们的经济意识，当地人开始通过开设家庭旅馆、出租马匹等方式获取经济利益；原来根深蒂固的价值观、风俗习惯，甚至语言都在不同程度上发生了改变。

文化的多样性和多元化并存的观念，以及文化之间的相互尊重（而不是从前的那种文化高低论），逐渐被更多的人接受和认同。事实上，现代城乡发展模式也是一种文化上的大融合，人们的视野得以开阔，从而会想尽办法促进经济上的进步。

（二）郊野是现代城乡发展模式的连接点

现代城乡发展模式的目的在于提高人们生活水平，而郊野就是借助本地丰富的资源及优美的生态环境吸引人们前来居住休闲，特别是大中城市的人们来居住休闲，实现消费投入从大中城市向郊野乡村地区流动，从而增加当地居民收入、发展地方经济。

郊野的发展不但直接带动了与当地休闲旅游业密切相关的吃、住、行、游、购、娱等行业的发展，而且间接带动了其他相关行业的发展，从而刺激和带动了国民经济中许多相关部门和行业的发展。

在地区经济结构中，要想发展经济，提升城市化水平，就必须大力发展第二、第三产业，增加第二、第三产业在产业结构中所占比例。郊野休闲业的发展不仅可以带动第三产业中与旅游业密切相关的吃、住、行、游、购、娱等行业的发展，还可以间接带动第二产业的发展，从而实现了对产业结构的调整。它能够吸纳较多的劳动力，作为第二产业的重要组成部分，在提供就业机会和解决就业问题方面具有重大意义。

郊野的发展是现代城乡发展模式中产业结构调整的重要手段及核心节点，郊野能优化现有的乡村及城市产业结构，一方面能提升目前几乎空白的乡村产业，另一方面能缓解拥挤城市产业，使农业与工业、农业与休闲（旅游）业、农村与城市相互补充与融合，以及第三产业中的文化、体育、娱乐、商业等产业与农业农村产业相融合，进行联动开发，促进城乡一体化的整体提升。

在现代城乡发展模式中，加强现代农业和休闲旅游相结合也是整合产业链的重要步骤。例如，农业观赏、农业示范、农业耕作、乡村民居、乡村民俗、乡村商贸等，通过开发形成具有观光游览、生产加工、度假休闲、健身娱乐、文化商贸等多种功能的农业旅游区。以核心企业为龙头进行产业链的整合，以市场为导向，以科技为动力，借助核心企业的影响力带动各相关产业的发展，由"点"带动"线"的发展，再由"线"带动"面"的发展，通过郊野休闲旅游产业的发展促进整个区域的经济发展。近期，以现实资源为主，重点开发农家乐和农事旅游；远期，最终形成现代观光农业、农事旅游和郊野休闲与度假产品齐头并进的格局。目前，国内郊野休闲旅游，大部分经过系统策划，形成了初步的休闲产业小体系。

（三）郊野是人们将来的最佳居住地

郊野是城市的"绿肺"，以植物生态系统为基础，以农田、水域与山地等为辅。郊野是城市农产品的重要供应基地，具有丰富的旅游资源，便捷的交通、通信条件和适当的城郊距离，这使得郊野地区的居住优势更加明显。钱学森先生 1990 年提出"山水城市"的概念：山水城市就是要让城市有山有水、依山傍水、显山露水；要让城市有足够森林绿地、足够的江河湖面、足够的自然生态；要让城市富有良好的自然环境、生活环境、宜居环境。郊野正是因为有着良好的生态环境，才适合现代人居住，并能吸引现代人去居住，但从长远考虑，必须保护并维护良好的生态环境。只要郊野地区的文化、经济、生态环境等都发展成熟了，它也会变得越来越吸引人，越来越有居住的优势。

（四）未来郊野规划

郊野地域相较于城市而言，水资源及土地资源更丰富，开发潜力更大，可发挥功能更多。因此，决策者们更要认真考虑资源潜力的挖掘，使水土资源得到充分利用而不破坏资源和生态环境。其规划要重点考虑以下内容：资源环境的生态维护及防止破坏措施；郊野整体功能的定位要明确，不重复规划建设；居住建设、公共服务设施及产业设施等各项建设用地布局和控制范围要适度，不能无限扩大；与农村及城市的空间连接关系要清晰；兼顾城市与农村的优点。

三、城市是 CSC 模式的重点

（一）城市的概念

城市（City），是以非农业产业和非农业人口集聚形成的较大居民点（包括按国家行政建制设立的市、镇），一般包括住宅区、工业区和商业区并且具备行政管辖功能。城市的行政管辖功能可能涉及较其本身更广泛的区域，其中有楼房、街道、医院、学校、商业卖场、广场、公园等公共设施。

(二) 城市的功能

城市功能是指城市这种特定的组织形式对经济文化等社会活动产生的影响及发挥的作用。不同学科对城市功能有不同的界定。

一个城市可以同时具有作为工业中心的生产功能，作为科教基地的文化功能，作为贸易中心的商业功能以及作为信息中心的服务、管理功能等。城市的功能是多样的，可把城市的各项具体功能看作系统的组成要素，包括经济功能、政治功能、社会功能、文化功能、生态功能。现代城市的功能是综合性、多元化。合理的城市功能结构有助于单项功能的发挥，并强化主导功能，产生协同效应。城市的各种功能并不是等量齐观、平分秋色的，而是存在一般功能和主导功能之分。一般功能是指一切城市都具有的生产、流通、分配、社会、行政等共同性功能，是所有城市都具备的功能，表明的是城市的共性，区分的是城市与乡村的界限；主导功能是指在城市诸功能中处于突出地位和起主导作用的功能，影响或左右城市的其他功能的运行，甚至决定着城市的性质和发展方向。

城市经济学的相关概念表明，城市的形成过程集中体现出两种经济效应，即区域经济效应和集聚效应，城市功能正是在这两种效应基础上得以实现。城市将一定地区的人口流、智力流、物质流、能量流、资金流、信息流聚集起来，通过城市活动满足城市内部需要并向其他地区扩散，此即城市功能的本质。

在信息社会，城市的主要功能表现为对周边区域的聚集和扩散、渗透和辐射。

未来城市功能发展将呈个性化和多样化。未来中国城市的发展趋势是向个性化方向发展的，除了少数几个大城市和中心城市以外，很多城市都将向专业化城市发展，尤其是中小城市。一个城市可能就是一个或者几个大的产业聚集区，产业功能就是这个城市的基本功能。当然，这个过程中有些城市的住宅和宜居比较重要，有些城市高科技可能比较重要，有些城市服务业比较重要，同时，不同城市的建筑和城市的文化、城市的景观也会有所不同，也会逐渐多样化和个性化。

(三) 现代城市的特征

城市的概念是相对存在的：城市与乡村是人类聚落的两种基本形式，两者关系是相辅相成、密不可分的。没有乡村，城市的概念就无意义。

城市是以要素聚集为基本特征的：城市不仅是人口聚居、建筑密集的区域，同时也是生产、消费、交换的集中地。城市集聚效益是其不断发展的根本动力，也是与乡村的一大本质区别。城市各种资源的密集性，使其成为一定地域空间的经济、社会、文化辐射中心。

城市是高效率的社会经济生活综合体，体现在大规模、高效率、集约化和社会化的生产方式，高密度、快节奏和多样化的生活方式，高度组织性、包容性和快捷性的发展方式。

城市的发展是动态变化和多样的：古代拥有明确的空间限定，现代则成为一种功能性地域。西方国家出现市郊化、逆城镇化、再城镇化等一系列现象。现今经济全球一体化、全球劳动地域分工，城市传统的功能、社会、文化、景观等方面都发生了重大的变化。

城市的巨系统包括经济子系统、政治子系统、社会子系统、空间环境子系统以及要素流动子系统。城市各系统要素间的关系是相互交织重叠、共同发挥作用的。

（四）城市的未来发展与变革

随着城市的数量及规模不断加大，未来城市的发展与变革主要表现如下。

1. 城市规模不断扩大，人口集中程度趋减

由于工业化的强有力地推动，城市规模会持续扩大，特别是中小城市规模会继续扩大，但扩大速度不会再像之前那样迅猛，随着城镇化的加速，中小城市的数量会增加。

人口的集中是伴随社会活动的集中而发生的。人口及其社会活动的集中能够产生巨大的经济与社会效益。人口集中的作用表现为：可以降低企业生产成本；可以降低流通费用；便于资本的积累和利用；便于提高管理效能；便于科学文化信息资源的交流。然而，随着城市聚集程度趋高，其所带来的各种经济与社会优越性正逐渐走向它的反面，产生了各种严重的问题。如：导致工商企业生产与流通成本的上升，带来了交通拥挤、堵塞、事故频繁；破坏了生态平衡，城市居民的生存空间变得拥挤不堪，产生了严重的失业、犯罪等现象。这些现象必然会带来人口集中程度的降低。

2. 现代城市空间结构日益复杂

任何一座城市，特别是综合性城市，其内部的空间结构都是由数量不等的各种功能区排列组合而构成的。各个城市内部各种功能区数量不等，大小不一且分布点不同。生态化、绿色化、特色化、专属化及郊区化的空间结构将会日益增加。

同时，城市带、城市群（圈）将成为城市发展的重要方向。随着快捷便利的信息网络和交通网络不断完善，拉近了城市之间的距离，将城市与城市有机地连接起来，形成了各具特色、优势互补、协同发展的城市带、城市群（圈），如日本东京城市圈、英国伦敦城市圈、德国鲁尔城市带和中国的长三角、珠三角、京津冀城市圈等。

未来城市空间演化将是梯度推进和动态演化。未来中国城市化和工业化及产业发展将更加匹配，城市化和城市发展将不断梯度推进和动态演化。首先是东部超大城市完成工业化，其次是大城市、中小城市、小城镇完成工业化，发展高端服务业，再次是转移到内地交通优势突出的大城市实现工业化，最后再转移到中小城市、小城镇。

3. 城市社会组织发达，流动率高

生活在城市中的人们身份复杂，因教育、信仰、家庭出身等各因素不一样，在不同的机构企业中工作，所以在工作及生活中形成了错综复杂的关系，产生了多种社会组织，又因各自所需、追求目标不一，加之用工制度的变革及各种社会保障全国一体化，自然会引起高度流动。

4. 生活方式日益现代化、多元化

城市人口的异质性强，不同的人口群体由于各自的生活环境、经济与社会地位、职业、民族、价值观念、教育程度等有很大的不同，决定了不同的群体有不同的生活方式，具体表现为不同阶级与阶层的生活方式、不同民族的生活方式、不同职业群体的生活方式、不同地域群体的生活方式等。这些不同群体的生活方式的存在，加之城市社会高度发达，将会使城市生活方式呈现出明显的现代化、多元化的特征。

5. 未来城市资源以循环高效利用为主要模式

城市的发展已消耗了大量的资源，也带来了大量的生产、生活废弃物，人们生活的

环境面临恶化的趋势。循环高效的资源利用模式——"资源—产品—回收—再利用"将成为主要模式。清洁能源将成为城市能源的主要形式，太阳能光伏发电、风能、生物质能、新能源汽车、水源/地源热泵等先进技术将得到大规模利用。

6. 未来城市将多层次非均衡发展

中国城市未来的发展无论是城市内部还是外部两极分化将继续进行。即现在发展较好的城市在未来可能会更好，无论是城市的人均收入，还是产业升级都会更好，落后的一些城市可能会更落后。城市内部人均收入水平也会出现两极分化，这不仅仅是中国的趋势，也是世界的趋势。值得注意的是，由于我国处在工业化、城市化、市场化、全球化和信息化的加速期，国内有一些城市在未来可以实现跨越式发展。明星式城市还将会出现。

7. 知识型服务业将成为城市未来产业的主要形态

服务业对经济增长贡献不断提升，国家统计局数据显示，2023年上半年服务业增加值占国内生产总值比例为56.0%，比上年同期高1.6个百分点，对国民经济增长的贡献率为66.1%。未来的城市服务业将以新业态新模式等创新形式出现，新兴领域发展向好，现代服务业发展活力不断释放。将形成以金融服务、现代物流、信息服务、教育与研发服务、创意以及产品设计等相关的知识密集型服务业为主的产业形态。

8. 城市管理实现智能化

未来城市将实现全方位的智能化管理。智能化管理就是以需求为导向，积极运用先进传感、网络传输和信息处理技术，实施若干项重大信息化行动，推进城市管理和公共服务信息化，提升城市运行效率和管理服务水平。其包括对网内人员、设备和基础设施实施智能化管理，特别是对交通、能源、商业、安全、医疗等公共行业进行实时管理和控制。

智能城市建设是一个系统工程。在智能城市体系中，首先是城市管理智能化，由智能城市管理系统辅助管理城市，其次是包括智能交通、智能电力、智能建筑、智能安全等基础设施智能化，也包括智能医疗、智能家庭、智能教育等社会智能化和智能企业、智能银行、智能商店的生产智能化，从而全面提升城市生产、管理、运行的现代化水平。

（五）未来城市的规划

随着现代社会经济的高速发展，城市问题越来越突出。未来城市规划需着重关注以下方面：不仅注重城市建设，更要关注城市综合管理；要注重非物质空间规划，而不仅仅关注物质规划；注重城市的绿色规划，为城市居民提供生活及工作都适宜的城市家园；尊重广大城市居民的意愿，而不是仅考虑规划精英的思想；规划内容丰富多样，既有宏观设计，又有微观元素；规划程序向开放性转化，不再是定向封闭式运作。

第三章 现代城乡发展模式中的农村

第一节 农村发展现状

我国农村从史前发展至今，劳作方式从狩猎、刀耕火种发展到现代化种养，生活方式从"男耕女织"发展到现代的丰富多彩，居住方式由古代的"穴居"到近代的特色民居，再到现在的高楼洋房。与城市关系由早期的单向提供农产品、手工艺品到现代的相互的多向流动。随着 40 多年的改革开放，农村发生了翻天覆地的变化，农村经济建设和社会事业都取得了巨大的成就，农村经济实力明显增强，人民生活水平不断改善。其表现如下。

一、农村面貌发生巨大变革

改革开放至今农村面貌发生了巨大变化。改革开放前农村村容不美，住房简陋，交通基本为土路，燃料以柴草为主，多数村没通电，没通公路，医疗卫生条件差，农村教育落后，基本只能靠天吃饭，难以实现温饱。现代农村面貌大有改善，村容整齐，乡风文明也大有提高。其住房条件得到极大改善，部分农民住进了楼房，一些村庄也实行了统一规划，基本村村通公路，不少地方用上了沼气、煤气、液化气等。农民病有所医，老有所养，2022 年为促进农村产业发展、做好"三农"工作，"供销社"这一概念再次被提出，2023 年全面推进乡村振兴、迈向农业农村现代化，农民分享了改革成果，新的农村面貌已经形成。

二、农村经济得到全面快速发展

农村经济全面繁荣，其三次产业构成由 1978 年的 84∶14.2∶1.8 调整为 2022 年的 45.1∶29.7∶25.2。在过去的 40 多年的发展过程中，乡镇企业的异军突起，给农村经济带来了强大活力，出现了一批经济强镇和经济强村，实现了农村经济的腾飞；农民收入结构和增长来源发生显著变化。农民人均纯收入从 1978 年的 134 元增长到 2022 年的 20133 元，总体上保持了持续快速增长。农民收入增长由改革开放初期的单一来源——以农业和粮食收入为主体，变为多元化和非农化的趋势，不少农民已成为兼业者；可支配收入的增多，农民总体生活水平有了迅速提高，农村居民消费已由生存型过渡到享受型；科技手段的持续进步提升了农业劳动生产率和土地产出率，促进了农村经济迅速发展。

三、农村人口及家庭结构已发生变化

农村人口增长开始出现了"三低"，即低生育率、低死亡率和低人口增长率，已向

小型家庭化发展，农村新增劳动力的数量呈下降趋势，由于青壮年劳动力外出务工，农村人口老龄化提前出现。农村人口通过多样化的途径，由兼业式变为全职式的非农人口，加之近年来城镇化加快，纯粹的农村人口越来越少，新型的"职业农民"已经诞生。

四、农村生活条件已得到很大的改善

农村人居环境不断改善，农村住房条件已大有改观，由原来的泥木结构变成了内外结构美观舒适的楼房；农村交通也大有发展，国家不断加大对公共设施建设的投入，交通更加方便，据有关统计，1978年农村公路里程为 $5.9×10^5$ km，截至2022年，全国农村公路（含县道、乡道、村道）里程达 $4.466×10^6$ km，全国通公路的乡（镇）占全国乡（镇）总数的99.97%，通公路的建制村占全国建制村总数的99.55%。根据《中国数字乡村发展报告（2022年）》，全国行政村通宽带比例达到100%，通光纤、通4G比例均超过99%，基本实现农村城市"同网同速"。5G网络覆盖所有地级市城区、县城城区和96%的乡镇镇区，实现"县县通5G"；新农村建设明显加大了对农村水、电、路、气等基础设施建设的投入，使农村基础设施有了极大改善；农村医疗卫生得到了提高，特别是新农合制度在全国得到了推广；农村环境既有改观，又面临新的挑战。

五、农村教育与文化事业有了较大的发展

义务教育免除学杂费，减轻农民负担。从1995年起，中央政府开始启动"国家贫困地区义务教育工程"。2007年，中部和东部地区农村义务教育阶段中小学生全部免除学杂费、课本费，还对学生住校费用给予了补助，从2008年9月1日起，全国范围内全面免除城市义务教育阶段学生学杂费；加强了对农民教育和培训，加大力度培养新型农民；国家逐步加大对文化设施的投入，农村文化事业建设也加快了步伐。实施了重点文化工程，为农民群众服务的文化资源更加丰富。《中国农村教育发展报告2020—2022》显示，2021年全国义务教育在校生数达1.58亿，比2012年增加1339.34万人。2021年小学教育城镇化率达79.15%，初中教育城镇化率达87.85%，义务教育总体城镇化率达81.91%，分别比2012年提高了16.82、8.3和13.91个百分点。近几年，文化和旅游部、财政部联合实施了一些有重大影响的文化项目，成为推动农村文化事业稳步发展的有效手段。如全国文化信息资源共享工程，对文化信息资源进行数字化加工和整合，并通过卫星、互联网和光纤等传输渠道为社会公众服务。

虽然农村发展已取得了巨大的成就，但还是存在许多问题，需要不断地创新思维去解决。

第二节 传统农村的功能

农村是不同于城镇而从事农业的农民聚居地，其泛指农业区，有集镇、村落，以农业产业为主，包括各种农林牧副渔等产业。农村地区人口呈散落居住。在进入工业化社会之前，世界各国人口大多居住在农村。其有着特定的自然景观和社会经济条件，也叫乡村。

农村是以农业生产为主业，其功能也主要表现为农业的功能。具体说来可概括为：生产粮食的功能、发展社会经济的功能、维护社会和政治稳定的功能、提供就业和社会保障的功能、维护生态平衡的功能、创造人类文化艺术的功能。

一、生产粮食的功能

民以食为天，"食"来自农业，来自农民从事农林牧副渔业等的劳作活动。农民利用土地资源与水资源等，辅之以其他物质能量投入及农业技能，种植农作物，养殖家禽、牲畜及鱼类，为人们提供生存的基本物质——粮食。广义来说，粮食的范围很广，不仅包括主要粮食作物，还包括农副产品、蔬菜瓜果及禽畜鱼类等能满足人们生存的有营养价值的物质。这些物质皆来自农村的农民从事的一切农业生产活动，有历史记载以来，农村一直是粮食供应的来源地，生产粮食是农村的最基本功能，也是其专属功能。

二、发展社会经济的功能

农村的主要产业是农业，农业是社会存在与发展的基础。人类很早就从以采集渔猎为主的原始天然经济过渡到通过劳动驯化自然动植物而生产的人为经济。农业的发生、发展使人类长久定居和稳定的剩余产品出现成为可能，从而为阶级形成、城市出现和社会分工等奠定了基础。因此，农业是古代世界最古老、最重要的生产部门，为社会存在与发展提供稳定的物质基础。

农业系国民经济的根基，它是社会经济产业群金字塔的底部，为整体产业群提供多种支撑，包括物质、能量、人力等多个方面。第一，农业是其他产业及经济活动的基础，所有的其他产业都是由农业分化而来，农业是其他一切产业存在发展的前提条件，也是国民经济正常运转的最基本支柱。第二，农业是工业发展的重要支柱。农业还为工业发展提供了各种原创条件，通过剪刀差等路径为发展工业积累大量的创业资金。农产品为工业提供大量的生产原料及能源物质。第三，农业为非农产业部门提供了大量的劳动力和土地资源。随着农业的发展，由于农业生产技术水平的提升、农艺技能的广泛应用、农业机械化及信息化的利用、农业规模化的生产，其生产率及效益得到大力提高，依靠人力体力的作业越来越少，对劳动力需求量大减，农村大量的剩余劳动力为其他非农产业提供了充足的劳动力。随着整体经济的全面发展，建设用地需求规模大大提升，农村农业中为此提供了大量且宝贵的土地资源。第四，农村的发展还为其他产业提供了巨大的消费市场。随着农村的繁荣，农村对日用工业品和农业生产资料也有着巨大的需求。第五，农业还有出口创汇功能，在我国工业化早期，整体经济薄弱，农业在出口创汇方面具有比较优势，一般都以农副产品的出口来换取外汇，再以外汇换购国外先进技术和设备，为工业发展提供条件。

另外，现代农业还有休闲观光功能，为人们提供生态休闲娱乐观光空间，丰富人们的生活，充分利用好土地与生态环境资源，提高资源利用效率。

三、维护社会和政治稳定的功能

"农村稳定社会就稳定"的真理已得了历史事实的无数次证明，农村安定，社会就安定。20世纪80年代初，邓小平同志也曾指出："从中国的实际出发，我们首先解决农村问题。中国有百分之八十的人口住在农村，中国稳定不稳定首先要看这百分之八十稳定不稳定。"

农村的稳定就会有稳定有序的农业生产，和谐的农村生活环境，对农村本身的发展也是十分重要的。农村不稳定，社会就不稳定，农村稳定的意义还在于对社会稳定的贡献，对国家政治稳定的贡献。农村的稳定首先是可以为全社会提供丰富健康的农产品，满足人们的基本生活需要，为人民安居乐业的生活提供充实的保障；其次是农业为农村居民提供了生存的基本保障，其中水土资源是农民生存的最重要的保障；再次是农业产业体系为广大农村居民提供了大量的就业岗位及谋生手段，同时也缓解了社会就业压力；最后是农产品的充分自给可以减少对国外进口粮食的依赖，粮食安全是一个国家安全的基石，尤其是对中国这样一个水土资源短缺的人口大国而言，粮食安全就是国家安全的最坚实保证。

四、提供就业和社会保障的功能

农村中居住了全国大部分人口，其中大部分人为农民，从事着农林牧副渔等方面的工作，有全职的农民，有兼职的农民，有非农民的农村居民——从事农业产业体系中的非直接种养业的商人或农村农业的产业服务人员。这些职业为农民及农村中的居民提供了丰富多样的劳动岗位，使他们得以过上富裕的生活。特别是近期，新型农民的出现，也就是新型职业农民的出现，便产生了新的农村就业类型，也彻底改变了人们对传统农民的看法。正是因为农村中存在这么多的劳动岗位，农村居民生活才有了正常的保障，也因为这样，才为社会提供了丰富多样的就业机会和社会保障。

五、维护生态平衡的功能

农村与农业在发展过程中是一种适应自然、改造自然的过程，但其改造是适应性保护性的改造，不是强化式的改造。首先，农业生产是在自然环境中进行的，其包括农业种植、林业、畜禽业、渔业、副业等。从本性而论，是主动适应自然环境的大产业，不是破坏自然环境的产业。其适应自然生态环境的生产本性，是顺应生态系统的生物规律的生产过程，在这一过程中，还有以各种方式不同季节性地优化与弥补生态系统，使大自然生态系统有规律地变化，适合人类的生存，为人类提供美好的生存环境及基本物质。农业生物从自然界获得营养，又以各种生物排泄物、副产品废物返还于自然界，使新陈代谢过程循环进行。其次，农业是主动地适应环境的生产模式。农业生产者根据当地的自然条件进行生产作业，需综合水、肥、土、气、热、地形与植被等自然条件，生产者根据当地的自然条件进行农牧业活动。再次，农作物的生产过程是美化优化自然生态环境的一种过程，其中，主要农作物、蔬菜瓜果、花卉、草场与森林等对大气污染及环境净化都有重要功能。这些植物主要通过叶片吸收大气中的有毒物质，同时使一些有毒物质在体内分解、转化为无毒物质，自行降解。最后，农村生态环境保护功能还表现在保护人类生活的地理空间、保护乡村景观、改善人居环境等方面。农村居民在劳作生活中积极发挥聪明才智，充分利用生存空间，同时又适度改造空间，形成适合人居的空间，在房前屋后，种植各种花草树木，在田野中种上美化空间、防风固沙的各种树种。充分利用周边的山水资源自然环境，乐在其中。特别是近年来，乡村建设更加讲究，外表精美，内部布置优雅，使得乡村的生活和城市一样方便。

六、创造文化艺术的功能

中华民族几千年的文明发展史直接源于农村与民间，古代农村居民在生活劳作过程中创造并积累了大量的民间文化与艺术，有的原创一直流传至今，有的是经后人加工而成。在劳作过程中创造形成了一些手工艺术；积累了深厚的农耕传家文化；在生活中创造了一些文化典故及歌舞曲艺；在改造生活环境中创造了高超的民间建筑艺术；在与疾病斗争中创造积累了医学经验；在改造自然、认识自然的过程中创造了各种特色节日庆典与祭祀文化；还精确认识了天体气象并形成了对空间变换及季节更替的天体自然文化。这些文化艺术种类多样，数不胜数，各具特色。具体说来，民间文化艺术包括人类口头遗产和非物质遗产，具体表现为各种各样的民间传统、民间知识、各种语言文字、口头文学、风俗习惯、民族特征特色、民间音乐、舞蹈、礼仪、手工艺、传统医学、建筑及其他文化艺术等。正是这些文化才使得中华民族数千年绵延不绝。

第三节　当今农村、农业及农民问题的分析

一、农村问题分析

中华人民共和国成立70多年以来，特别是改革开放40多年来，农村已发生了翻天覆地的巨变，农民的生活水平有了普遍提高，一部分农民已经富裕起来。但我国是农村人口占绝大多数的人口大国，"三农"问题依然存在，且较为复杂，农村、农业、农民的问题相互交织。这里讨论的农村问题主要表现在：经济、基层管理、农村公共服务、农村需求保障、土地问题方面。其他相关问题在农业问题及农民问题分析中讨论。

（一）农村经济方面的问题

家庭联产承包责任制在当初推动了农村经济的巨大发展，但现在已经不适合我国农村经济发展的现状。生产关系一定要适应生产力的发展方向。农村弱小的个体化经营与现代社会产业化规模化经营之间的矛盾表现得越来越明显，导致了传统的生产方式与现代化科技供应不能统一的矛盾，生产效益远远低于社会其他产业效益，从而经济发展很难提升，贫弱现象、贫富差异越来越明显。具体的影响因素或现象表现如下。

1. 农业生产力落后系主要原因

生产力是促进经济发展的根本原因，是形成科学合理的生产关系的保证。目前我国大量农村生产力水平低，存在"靠天吃饭"的现象，处于以牛、耕、锄为主要生产工具的原始农业与部分机械化共同存在的局面，属于典型的自家经营、自主消费的小农经济生产模式。生产技术含量低，劳动者素质低。首先是由于科技水平低，导致农业生产工具改进技术差，生产方式传统落后，生产经营粗放，耕作制度落后；其次是农业新技术推广严重不足，科技成果转化率低，导致农业生产率低；再次是整体农民科技文化素质偏低，农村人口受教育的平均时间短，教育水平不高，直接影响农村经济社会的发展；最后是农业产业化发展缓慢，产业链条简单，龙头企业、品牌企业少且规模小，农产品加工能力低，附加值低。

2. 农业劳动力转移成为农村经济发展障碍

近年来，因农业劳动力转移，农村精壮劳动力源源不断地流入城市。留守在农村的人员被戏称为"386199部队"，意思是农村男性青壮年劳动力基本进城打工，众多的妇女、儿童、老人留守在农村，"38"即妇女，"61"指小孩，"99"指老人。我国农村最明显的特征便是农村人口老龄化。因严重缺乏劳动力，大部分只能是兼业，又由于耕地少，经营规模难以形成，种田的效率低且效益差，农民只能从事副业生产，这在一定程度上造成相当数量的耕地被撂荒。农业劳动力转移，造成了农村用工成本大幅提升，增加了农村地区的发展成本，已成为农村经济发展的障碍。

3. 农业生产的基础设施相对落后，影响发展速度

据全国多部门调查，农村现在的农田灌溉系统和基础设施建设等仍然是多年前修建的，虽然政府给予一部分资金投入，但面对中国广大的土地还是远远不够的，农民自身对农田基础设施的建设和投入基本为零。"靠天吃饭"的现象在农村仍然普遍存在，农村基础设施建设依然相当薄弱。

农村道路交通、农田水利等农业基础设施薄弱是造成我国农业综合生产能力薄弱的现实原因。我国对农业的投入不足和基建设施产权、经营以及管理制度不完善、不健全，导致我国基本农田水利、道路交通等农业基础设施薄弱。特别是农田水利建设方面，我国现有灌区大多数兴建于20世纪50—70年代，有些至今仍在运行。由于当时工程建设标准低，主材缺乏，施工水平不高等原因，灌区设施现在普遍老化失修，干渠、支渠道跑、冒、漏、渗，建筑物破损。田间末级渠道配套不全，泵站机电设备陈旧落后，能耗较高，效益衰减，致使灌区水的利用率很低，灌溉效益锐减。这不仅制约我国农业综合生产能力的增强与提高，同时也加大我国农业应对自然风险的成本。目前，全国主灌区骨干建筑物的完好率不足40%，配套率不足70%，工程失效和报废的占26%，个别地区可灌溉面积减少50%。中等产田的比例占全国耕地面积的2/3。土地整理在全国严重不足，导致很难规模化经营。

我国财政对农业的投资力度不够。与我国农业生产发展的要求还很不相称，形成了巨大的农业发展资金缺口；基建设施的产权、管理等制度还不够完善，责任还不够明确，致使我国已有的部分农业基建设施的经营管理和合理维护不够，出现大量农田水利设施人为和自然摧毁却无人问津，尤其是小型农田水利设施、道路交通等，严重影响了农业生产效率的提高。

4. 农村市场不规范，没有形成辐射效果

农村市场的健全繁荣程度是农村经济发展的重要标志。我国的农村市场主要有3类：①农村集市贸易，它是我国农村市场中主要的、众多的一种市场；②农产品批发市场，它是我国经济体制改革，特别是流通体制改革产生的新产物，也是农村实行联产承包责任制后商品经济大发展的产物，具有批量大、距离远、流量快、辐射面广的特点，在搞好商品流通加速商品周转中起着重要作用；③专业市场，它是在商品经济迅速发展的过程中逐渐形成的，其特点是远程贸易，面向全国，分散经营，竞争激烈，专业分工，市场调节。

目前我国这3类市场弱小，特别是时鲜农产品的物流市场远远不能满足全国需要，基本处于空白。另外，农产品供销的电子网络还不发达，农村电商的规模及质量远不如

城市电商。近几年，虽然短视频和各类直播软件兴起，也带动了农村电商直播、农产品带货的发展，让全国各地的特色农副产品走入大众视野，但是从全国市场范围来看仍然是收效甚微，传统的流通方式仍然居于主导地位，现代流通、经营方式仍然有待发展，交易方式的落后同时导致农村市场交易成本高。目前，我国这些农村市场重复建设与缺失并存，市场场所不健全，市场管理不规范，市场规模小，商品流通量低，时鲜产品物流业的发展严重落伍。农村市场网络化程度低，农产品流通市场量很小。同时，农村资本市场及农村货币市场发展缓慢，市场机制非常不健全。通过分析上述这些原因，我们就会发现，当前的农村市场还难以形成经济辐射效果。

5. 农村资源开发利用效率低，难以形成经济优势

农村资源主要包括：土壤资源、土地资源、林业资源、水资源、草原资源、牧业资源、渔业资源、肥料资源、生态环境资源及农林牧渔业副产品资源。这些资源作为我国资源的宝库，具有强大的潜在资源优势，可目前我国广大农村资源开发不充分，资源开发利用率低。近年来，水土资源污染严重，利用率低下；更有甚者还存在严重水资源浪费、土地资源撂荒现象。水土资源污染造成食品安全受到严重威胁，引发社会质疑，造成恐慌。许多资源被浪费，农村资源开发利用效率低下引发的负面效应非常之大。另外，农村剩余劳动力作为农村基本人力资源，目前在我国开发力度较小。

这些现象引发的连锁反应表现在：首先，无法促进资源优势向经济优势转变，实现资源的经济价值；其次，增加了人为干扰，破坏了生态环境的平衡；再次，增加了化学物质的投入，引发了环境污染，恶化了生态系统；最后，严重浪费了宝贵的自然资源与人力资源，增加了社会运行成本，也增加了社会风险，甚至引起社会稳定问题的发生。

6. 乡镇企业发展缓慢，难以拉动农村经济发展

乡镇企业作为带动农村经济发展的主力军，在农村经济发展中处于重要的地位。目前我国乡镇企业发展十分缓慢，除个别发达地区外，大部分地区没有跟上社会发展步伐，远远落后于城市企业的发展水平。表现在产业结构不合理，技术设备落后，人员素质差，经营管理及生产模式落后，科技含量低，只能从事简单的农产品加工、销售，无法带动农村形成产地—市场—加工—销售一体化产业链条，很难形成新的农村经济增长点。

新形势下我国乡镇企业面临着许多机遇与挑战，其中一个普遍问题就是资金紧张。主要表现在：现金流量不足，无法及时更新设备和引进先进技术；资金周转不灵，一些企业财务管理不规范，在生产过程中常常会出现资金周转问题；融资困难、征信危机，没有形成良性企业生存环境，很难筹集企业发展中需要的资金。

新形势下我国乡镇企业面临的竞争将更加激烈，目前一些乡镇企业技术设备落后，生产的产品质量不高，技术含量低，而且资源浪费大，环境污染严重，产品粗糙，缺少精品，在成本优势和资金预算等方面无法同城市企业相比，更谈不上竞争力，难以形成附加值。

乡镇企业的管理水平不高，员工素质低，优秀人才严重缺乏，企业效率低下。没有形成现代企业制度化的管理与生产方式。目前，中国乡镇企业的经营管理多以经验管理为主，缺乏科学管理，缺乏促进企业发展的长远规划，企业经营者对市场信息了解不足，缺乏专业的判别能力，与行业平均技术水平及管理水平差距非常大。乡镇企业大多

是中小企业或是家族式企业，缺少现代企业的用人机制，员工的引入往往是亲戚朋友老乡介绍为主，员工聘用具本土化特色，在管理上存在裙带关系现象；少有优秀的职业经理人与管理人员，工人多为农民，普通文化程度偏低，职业专业技术能力低，缺乏专业的技术人才和管理人才，难以在管理及技术方面改进，缺少创新能力，影响并制约了乡镇企业的发展。另外，现阶段乡镇企业的信息化建设依然滞后，阻隔了与外界同行的交流与技术信息的共享，从而影响了乡镇企业的发展。

7. 农村金融发展滞后，难以推动经济增长

据统计，2006年年末，全口径涉农贷款余额约4.5万亿元。2007年至2013年期间，年度增幅数值波动区间为18.5%至32.1%；2014—2021年期间，年度增幅数值变化区间为5.6%至13.0%。目前由于我国乡村振兴战略的有效实施，主要的农业生产区域均得到了大量涉农贷款的支持。国家对农村金融政策也十分重视，大力鼓励商业银行增加涉农贷款，商业银行普遍入驻农村，设立分行，并在各个农村及乡镇设立服务站点，但是仍然存在网点下设不均的情况。农村的金融市场较城市落后，所以农村的金融服务也较为落后，只有一些"存、储、贷"的基础性业务，缺少增值、保值性服务。同时由于金融组织下设农村，开拓新兴市场也存在对农民用户定位不清、功能不明确的问题，无法满足农民日益增长的投资需求。

从中国人民银行2018年发布的《中国农村金融服务报告（2018）》数据来看，自2007年我国创立涉农贷款的统计以来，我国全部金融机构供给的各类涉农贷款余额累计增长534.4%，平均年增速约为16.5%。涉农贷款余额从2007年末的6.1万亿元增加至2018年末的32.7万亿元，占各项贷款的比重从22%提高至24%。截至2022年9月，我国涉农贷款余额已经达到47.1万亿元，并且已有18个省份设立了乡村振兴基金。农村金融机构大幅度增加，大量助农资金向农村涌入，但是由于农村劳动力大量向城市转移，导致资金外流，限制了金融机构在乡村的扩张与发展，金融支农水平仍然不能满足确保粮食安全、促进农业发展、增加农民收入和缩小城乡发展差距的需求。

另外，因农村基础条件差，农村经济很难形成对外开放态势，虽然有外部资金涌入，但是先进的科学技术在农村难有用武之地，农村个人对先进技术的接受程度、农村集体经济组织领导层对政策的把控能力也有待考量，优秀人才进入农村被留下的可能性不大，农村内部市场难以与外界市场相结合，这就阻碍农村经济发展。现在正在大力推进的"新四化"就是针对农村问题的解决而提出的。

（二）农村基层管理问题

我国农村的现状是：人口基数庞大、居住分散、人均生产资源少、劳动力相对过剩、城乡收入差距大、农民增收困难。"人多、地少、收入低"的现实情况下，中国农村必然存在各种各样的热点、难点问题，这是农村政治、经济、社会、人与自然等关系问题的集中反映。

1. 村民自治和村委会选举是当前农村的热点

村民自治因为与村委会选举联系在一起，给人以民主的想象，而引起了普遍的关注。但村民自治在当前的中国农村，发展十分不平衡，且很难对村民自治寄予过高的期望。从村委会选举的角度来看，有两类地区村委会选举较为激烈，一类是村庄有资源的地区，在巨大利益面前，村委会选举中易出现不公平现象；另一类是存在多个小团体的

地区，宗派斗争严重。这就导致了村民自治难以顺利推进，村庄中以一事一议为基础的机制，难以发挥作用。农村基层党员年龄、文化、性别结构不合理，一是党员年龄普遍偏大，老党员多，年轻党员少，年龄结构比例失调；二是从男女党员的比例看，女性党员偏少；三是党员文化层次较低。

2. 农村党员干部科技素质低，带领群众致富能力差

基层干部素质不高，班子协调性不强，带头能力与先进性不强。干部也缺乏技能培训，见识少，思想惰性大，观念比较陈旧，发展思路不清晰，缺少拼搏精神，农村基层组织对农民影响力逐渐呈弱化趋势。部分村干部素质不高，大多数村干部只有初中文化水平，很难理解党的方针政策，没有好的决策能力与工作能力，无法形成领导班子的战斗力。党员先进性不突出，党员队伍不仅文化层次较低，而且年龄老化，力不从心；更有甚者不学无术，对己要求不严，不如群众觉悟高，甚至见利忘义，中饱私囊，在群众中没有任何威信，更没有影响力及号召力。加上长期不学习，工作理念不新、方式陈旧，就更难有带动能力。随着农村基层自治组织的发育和民主建设的推进，农民的民主与法治意识、政治参与热情增强，但部分基层干部还没有摆脱传统管理理念和工作方式，习惯于通过家长式的发号施令实施领导，缺乏民主法治意识，没有让农民群众真正成为农村社会事务管理的主人。

村干部带领群众致富的能力不强。受文化水平局限，一些基层负责人不学习，在接受新知识与新技能的过程中存在较大困难，对当地经济发展和创新基本没有想法，更谈不上行动，只是机械地宣布文件，还是等、坐、靠政策，有的甚至与一般群众争抢利益。少数先富的干部，带富意识不强。

3. 服务意识不强，工作能力不足

随着农村改革的推进，农村利益关系的调整，一些新的矛盾和问题逐渐显现，如土地纠纷、搬（拆）迁等，这些新旧体制产生的矛盾和问题常常发生，这要求农村基层组织有足够的工作能力，做好新形势下的群众工作。但一些农村基层干部面对新情况、新问题束手无策，不能或不会运用民主和法治的方法来解决现实问题，使农村中的矛盾升级，进而引发不良事件发生。

4. 农村民主管理机制不健全，村民自治有待加强

民主监督与决策和民主管理在农村刚刚起步，管理制度机制不健全，干群民主意识有待进一步提高，有能力、有知识的党员流失严重，或为了生计进入城市打工或者离开家乡从事其他活动，或难以得到重用，加之农村基础条件差，保障机制和激励机制不健全，大多数行政村几乎没有积累，农村基层干部待遇低，积极性普遍较低，主动性差。而农民自治条件目前也不成熟。农民除为生计劳作外，身边也涉及很多实际问题，如自身权益保护、财产纠纷、邻里及家庭内部关系等问题，有时农民有事不知道找谁，农民自身很难处理好一些复杂问题，加之大部分农民现在基本成了兼业农民，甚至常年不在家，村民自治成果较难维持。

（三）农村公共服务方面的问题

农村公共服务方面的问题主要表现在分配体制、权责不清、地区供给水平差异大、供给效率低下、供给结构失衡与数量不足等方面。

1. 城乡分配体制存在一定缺陷

我国农村地区公共服务供给机制依然不完善。在公共服务的供给方面，农民缺乏表达需求的渠道。政府以一种自上而下的方式提供公共服务，政府提供什么农民就被动消费什么，政府提供多少农民就消费多少；农村公共服务缺少长效的筹资保障机制；没有正式机构管理供给和投资规划，也没有法律方面的明确支持。这些都与我国是个农村人口大国的现实国情十分不相符。

2. 供给主体权责不明确

公共服务供给主体责任不明。农村公共服务供给主体混乱，一些本应由国家承担的公共服务都交由基层政府承担，而且国家对各级政府应该提供哪些公共服务，也没有明确的政策界定，农村公共服务供给陷入秩序混乱的状态，政府在农村公共服务供给中出现缺位、错位、越位的现象。各个部门都重管理而轻服务，更重自身收益而轻公共支出，部门之间往往在利益面前相互争夺，在服务方面相互推脱。到乡镇政府层面没有具体的责任，也没有提供能力，公共服务性支出基本处于萎缩状态。与农村相关密切的水利设施还是靠老旧设施吃饭，现在许多地方需要做大面积的土地整理，农民及基层呼声较高，但没有资金供应，严重影响现代农业生产。其他公共设施如医疗、交通、教育、文化与卫生、娱乐、农村养老等方面的设施供给也十分紧缺。

3. 地区间农村公共服务供给水平差异大

农村公共服务供给在地区之间或城乡之间差异大，供给水平相差大。发达地区与不发达地区差异大。由于地区经济和社会发展水平差别巨大，经济发达、财政收入较多的东部沿海地区或大城市郊区的农村，能够获得较多的公共服务。而经济发展水平欠发达地区，政府财政无力提供足够的公共服务。受城乡二元经济结构的影响，城市的公共服务无论是从数量上还是质量上都远远优于农村，特别是我国全面取消农业税之后，农村公共服务没有得到相应的重视，虽然正在推进新城镇化建设，但系列规划还有长远的路要走，一段时期内城乡公共服务供给差异还将持续存在。

4. 供给总量严重不足

农村公共服务供给总量严重不足。从资金的供给量来看，公共服务国家投入到城市的量远优先于农村，农村与城市的公共服务水平差距不但没有缩小，反而越来越大。在国家农业支出中，还有很大一部分是涉农部门支出，投入到农村公共服务上的经费更是少之又少。公共服务供给结构失衡。农村公共服务供给总体不足与相对过剩的现象并存。农业生产、农民生活真正急需的、有用的，真正关乎农村可持续发展的公共服务严重缺位，而其他不是农民急需的公共服务却相对过剩。

5. 农村公共产品供给效率低

效率原则是供给公共产品时应该首先遵循的原则。一直以来我国农村公共产品的供给采取的是"自上而下"的供给机制，随着"乡财县管，财政包干"的广泛实行，许多乡镇财政入不敷出，没有财力去办该办的事，也没有意识去关注这些需要，甚至有错误的观点认为"农民有国家补贴了，如何种田是农民自己的事，与乡镇无关"。这些间接或直接造成农民急需的公共产品供给不足，比如大型水利灌溉设施、土地整理、大型农用设施及良种的培育等并没有得到足够关注。还有一些涉及农村可持续发展的公共产品供给短缺，如农村环境保护、农村公共卫生及交通基础设施等。

(四)农村保障问题

农村保障主要包括就业保障、医疗保障、养老保障、教育保障及住房保障等关于生存与发展方面的,这些方面虽然比改革开放前有较大进步,但与社会发展水平、农村社会需要及城市保障相比较而言,农村保障问题缺失更大。

1. 农村养老保险制度缺失

农村仍以传统的家庭养老为主,社会保障无力。一些地方于20世纪八九十年代,在民政局设立一个社保站,对农村居民试行着由个人出资缴纳农村社会养老保险,由于制度缺失,管理跟不上,效果不是很明显。根据2023年中央一号文件下发的相关内容来看,针对农民养老方面国家已经有了具体的要求:探索建立个人缴费、集体补助、政府补贴相结合的新农保制度,实行社会统筹与个人账户相结合,与家庭养老、土地保障、社会救助等其他社会保障政策措施相配套;全面深化农村社会工作服务、加快乡镇区域养老服务中心建设,推广日间照料、互助养老、关爱老年食堂等养老服务;同时也正式启动了一项最新的养老金试点制度,灵活就业和进城务工人员可以自行缴纳个人养老金,每年最多可缴纳12000元,相当于每人每月1000元。等符合退休条件之后,就可以分次或者是一次性取出缴纳过的个人养老金。在保障农村居民老年基本生活方面,中央确定的基础养老金标准为每人每月55元;地方政府可以根据实际情况提高基础养老金标准,对于长期缴费的农村居民,可适当加发基础养老金,提高和加发部分的资金由地方政府支出。但目前地方的执行力度不够,很难有钱投到农村养老上,农村养老金远不够养老。创新农村养老制度及养老方式成为亟待解决的问题。

2. 农村医疗保险水平低

以大病统筹为主的新型农村合作医疗保险制度的实施,给农民带来了就医的福音,群众都受益其中。但新农合还存在一些不够完善的地方,其表现在:补偿手续和程序较复杂,比例不理想;缺乏有效的监管机制,部分定点医疗单位有套取资金之嫌,过度商业化等多种原因不同程度地影响并降低了农民的医疗保障水平。另外,农村医疗保障的统筹层次和保障水平仍然偏低,新农合只对住院医疗实行补偿,而在统筹门诊医疗和大病互助等方面不高;新农合补偿的许多规定和限制,使农民得到的补偿比例不能满足需求。

3. 教育保障制度不完善

由于农村基础设施、文教卫等各种资源优势往城镇集中,农村优秀的教师都愿意去城镇工作,一些偏远地区学生很难享受到优质的教育资源,加上近年来一些孩子随父母迁往城镇,乡村教育萎缩,难以受到重视,更加剧了农村教育的缺失。

首先,农村教育经费投入不足,基础设施本身薄弱,未能建立有效的农村教育体系。虽然全国公共性教育支出逐年增加,农村义务教育经费投入持续增长,但增幅低于全国平均水平。由于经费不足,农村学校办学条件普遍较差。农村基础教育勉强成体系,而农村职业教育根本未能形成体系,农村终身教育体系仍然为空白。

其次,师资力量大量流失直接造成农村教育滞后。城乡经济收入水平差距大,教师逐级向上流动,中西部城市的教师向东部北京、上海、深圳等大城市流动进一步加剧了城乡之间的教育差距扩大。截至2022年,我国农村义务教育阶段本科以上学历专任教师占比达76.01%,比2012年增长35.29个百分点。农村教师整体学历和能力水平持续提升，教师队伍不断优化。但是农村老师仍然短缺，存在教科的"单一性"，主课教师同时教授多门"副课"，需继续大量增加代课教师，在确保老师"走进来"的同时，也要确保"留下来"。据《中国农村教育发展报告2020—2022》显示，全国省域内教师年龄结构分布并不均衡，在一些未实施"特岗计划"的县，29岁以下年轻教师占比不足10%，而55岁以上老龄教师占比却高达33.8%，最高的超过50%。队伍的老龄化和不稳定，农村学校师资总体素质很难提高，是农村中小学十分突出的问题，从而严重影响了农村教育质量。

4. 农民的就业基本无保障

我国人多地少，加之推进城镇化，失地农民数量增加，又随着农业机械化、规模化水平越来越高，农村的剩余劳动力也越来越多，大量的农民涌向了城镇，成为农民工就业大军。他们就业很难有保障：第一，自身条件差，文化水平低，没有一技之长，大部分只是能做体力活；第二，长期生活在农村，很难深入城市生活，加之城市生活水平高、消费大，生活条件十分艰难，很难找到合适的岗位；第三，近年来接受高等教育的人口越来越多，农民工要与这些人一起竞争就业岗位，没有任何优势；第四，国家出台了许多好政策，比如要求劳动部门对他们进行就业培训，也培训出了一大批实用技术人才，但培训是有限的，难以充分满足就业要求；第五，对农民工权利保护的法律及保障体系还没有完善，农民很难通过自身去维护权益。

5. 农村住房保障制度缺失

我国农村住房保障制度基本处于缺失的空白阶段。第一，由于传统观念原因，一般都认为农村有自己的宅基地，可以自行建房，但现在经济发展了，建房成本大大提升，一般普通水泥砖房都要数十万元，一些农民仍然住在危房中；第二，关于农村住房保障的政策法规依然不明确，现行的制度都是关于城镇住房问题的，农村住房保障的政策一时很难出台；第三，农村住房保障的资金来源问题很难解决，一些地方政府很难有实力来承担这一任务，仅靠个别政策的支持款项很难满足现实需求；第四，一些城镇化发展中因强行拆迁而失去土地的农民得不到合适的补偿，难有能力再建住房或到城镇中买房，加剧了农村住房无保障的程度；第五，农村规划没有被正式纳入乡镇规划中，不利于纳入保障体系中。

6. 农村社会救助制度不够完善

对农村贫困人口的生活救助，自中华人民共和国成立以来，始终得到了党和政府的重视，并逐步发展和完善为农村最低生活保障制度。社会救助主要是对社会成员提供最低生活保障，其目标是扶危济贫，救助社会脆弱群体，对象是社会的低收入人群和困难人群。社会救助体现了浓厚的人道主义思想，是社会保障的最后一道防护线和安全网，但目前农村救助不够完善，还存在一些问题。

（1）覆盖面十分有限，经费缺乏，救助水平偏低。农村目前得到救助的贫困人群远低于实际需要人数。同时，城乡二元经济结构导致农村社会救助在项目、内容、水平、体系上都远落后于城市，如2022年全国城市低保的平均标准为每人每月746元，农村低保平均标准为每人每月542元，仅低保待遇在城乡之间的差距已造成城乡公共服务的不均等；此外，贫困落后地区与经济较发达地区在救助上的差距还是十分悬殊的。社会救助资金主要源于国家财政拨款，渠道单一，国家财政投入不足，各项农村社会救助工作普遍存在较大资金缺口,导致保障水平偏低。

(2) 专业化程度不够,基层工作力量薄弱。很多基层工作人员对农村社会救助的基本理论、政策法规不熟悉,队伍缺乏应有的专业素养;信息化程度低,已难以适应形势发展需要;工作机构、人员编制及待遇和工作经费等存在的问题都是制约农村社会救助发展不可忽略的因素,现有的民政干部专职的少,年龄偏大,文化偏低,素质不高。近几年民政部门新增城乡低保、城乡大病救助、乡镇敬老院和村"五保之家"建设和管理、五保供养资金发放等工作,日常管理的工作任务十分繁重。

(3) 透明度不够,缺乏有效监督机制。健全的监督机制是保障农村社会救助持续健康发展的关键要素。现行救助工作运行机制不够公开透明,政府的审计、财政、监察等部门的督查未及时跟进以及群众和媒体的社会监督不充分,评估机制的不健全,这些都不利于政策执行中的纠偏、社会的支持和救助效益的提高。

(4) 社会救助立法滞后,农民生存质量还有提升的空间。

7. 农村社会保障意识滞后,社会保障工作进展缓慢

受传统与现实因素影响,大多数农民的社会保障意识相对滞后。许多农民信守"养儿防老、守田养老"的观念,对于社会保险制度和其他的一些保障轻信甚至抵触。如新农合制度让部分农民不感兴趣,认为交 20 元是浪费。一些有力的保障制度目前难以开展。

(五) 土地问题

农村土地问题在家庭联产承包期间表现得较为平静,满足了农民的各种心愿,但随着社会经济的发展,特别是城镇化大发展以来,农村土地问题突显出来,成为当今中国社会现象的一大问题。主要表现在:保护耕地意识弱,浪费严重;土地管理缺位;土地流转不够规范;土地财政现象泛滥;农村土地征用随意性大;土地被占后赔偿纠纷增多。

1. 耕地保护意识弱,土地资源浪费严重

当前我国耕地保护面临面积减少、质量下降的窘境。一些地方政府错误地认为种粮食不如"种房子""种工厂",打着招商引资的旗号,肆意圈占、破坏耕地、滥占耕地。一方面城镇化和开发区建设需要用地,同时也大量圈而不用,闲置耕地;另一方面是由于种粮效益低,农民不愿意种地,原先都是兼职农民,现在变为进城务工者,完全不理农事,土地无人耕种,出现大量撂荒现象,还有近年来因管理混乱,随意批宅基地,原来的老宅基地空置无用,从而产生了大量"空心村"。还有一些不规范的生态退耕、农业生产结构调整,给实现规划确定的耕地保护目标带来困难,有的将基本农田退耕植树。另外,土地开发整理、复垦补充耕地十分有限。

近年来,由于农业比较效益下降,农民种粮的积极性受挫,耕地重用轻养情况比较普遍,有机肥施用少,绿肥作物"下岗",土壤理化性状变差、肥力下降,水利工程和设施失修,蓄水总量下降,有效灌溉面积减少,又因工业的快速发展,"三废"(即废水、废气、废渣)排放量增加,化肥、农药过量使用,导致农田生态问题日益严重,耕地质量严重下降,造成土地资源浪费或毁坏。

2. 土地资源管理缺位

随着我国国民经济的快速发展,保障发展与保护土地资源的矛盾日益突出,乱批乱建、未批先建、毁坏耕地现象依然存在,主要表现在:"空心村"现象严重,农村新建

住房杂乱无章,土地浪费严重;矿洞开采破坏土地、污染环境;基层土地资源管理队伍力量薄弱等,同时,我国农村土地管理体制不健全,制约着土地的合理流转。农村土理资源管理缺位表现在:

(1) 基层国土资源所管理体制不合理。基层国土资源所实行垂直管理削弱了地方政府土地管理工作的职能和统一领导,并与之存在管理与服务的矛盾,工作得不到政府支持和重视,各项工作的开展很难进行。再加上基层国土资源所人员少,力量薄弱,管理和服务跟不上,如遇到违法行为往往只能书面制止后就移交区局,造成违法案件查处不及时,违法行为没能被有效制止。基层国土资源所没有执法权。

(2) 土地政策法规宣传不力。近几年,国家出台了关于土地经营承包权 30 年不变、减免农民负担、扶持新农村建设等相关政策;一些人随意建房或违法建房,随意搞农业项目,盲目跟风,认为土地差不多是自己的。农民很少会去研究新政策,也不会去关注深层问题,一般只看眼前利益,认为土地可以随意处置。这些问题一定程度上与土地相关政策法规宣传不到位有直接关系。

另外,村级土地监管功能严重缺失也有相当的影响。村级组织作为农村集体土地所有权的主体,在农村宅基地审批、土地使用权流转、土地征用等方面有最初和最重要的审查权,也是耕地保护、执法监察与宣传的最重要机构,但是有些村组严重缺失对土地的直接管理。

3. 土地流转不够规范

土地流转存在无序性和无偿性,操作程序不规范、流转中介不健全、流转中政府定位不当等问题较为突出,没有有效地建立起适应市场发展要求的流转机制。宅基地的流转无章可循,存在未批先建、少批多建、非法圈地、私搭乱建、协议出让、私自买卖、破坏耕地等问题。

(1) 土地流转政策不完善,土地流转意识差。目前,农民自觉流转意识不强,一些农民对国家土地承包和流转政策理解不够,担心土地流转出去后会丧失土地经营权,失去生活依靠,宁愿土地抛荒也不愿流转出去,还有些农民担心政策不稳,担心投入无回报而不敢经营流转的土地,个别农民对农业产业化政策不理解、不支持,对涉及土地流转的农业产业项目恶意刁难、百般阻挠,更有甚者签订土地流转合同后毁约,侵害新承包方的利益。基层干部工作热情不高,对土地流转工作热情不高,不愿意研究问题,没有积极性和主动性,对土地流转把控不严或无所作为,造成矛盾纠纷增多。

(2) 土地流转机制未形成,土地流转行为不规范。农村地区大部分土地流转无章可循,尚处于摸索和尝试阶段,配套政策措施尚未出台,流转无具体的操作办法,土地流转费的确定没有可操作的价格标准,容易出现竞相压低租金,损害农户利益以及个别农户漫天要价,阻碍土地流转的行为;土地流转信息不畅,中介机构少,真正的出租方与承租方难以交易;土地流转扶持措施尚未出台,土地流转项目激励措施、补偿制度等优惠政策有待健全。土地流转的目的之一就是提高土地资源的利用效益,没有成熟的流转机制,很难达到规模化。

土地流转行为不规范主要表现为:流转程序不规范,往往由乡或村管理机构出面"反租倒包",违背政策,也常引起损害农民利益行为的发生;流转协议订立不规范,部分土地流转仅口头约定,没有正式的书面合同;有些虽有书面合同,但内容不规范,对双方责权不明,还不经职能部门鉴证和备案,存在纠纷隐患;土地流转价格存在不合理现象,导致产生年年变更协议的现象,甚至是中途毁约。

(3) 农民权益受到损害,难保粮食安全。由于土地流转尚属买方市场,尚未建立成熟的资格审查和评估准入机制。部分新承包方因多种原因难以维持经营,不能兑现流转租金或放弃经营权,农民利益受到侵害。目前,农村流转的土地相当一部分用于种植经济作物、发展效益农业,不愿意种粮,粮食安全问题凸显。

4. 过度依赖土地财政,农村土地征用随意性大

土地财政是指地方政府依靠出卖一定期限的土地使用权而获得财政收入来维持地方财政支出的现象。据有关统计,2022年在两轮房地产市场调控政策实施之下,全国国有土地使用权出让收入达到66854亿元,当前,土地使用权出让收入仍然是地方财政收入的重要来源,国有土地使用权出让收入的增长给地方财政收入提供了强大支撑。其反映了地方政府对土地财政的极度依赖。对农村而言土地财政使得耕地面积急剧减少,农民失业,无数农民正在"被上楼"。因土地财政与近年来推进城镇化进程中为了满足发展空间,农村土地大面积被征用,特别是城乡接合部的耕地大量消失。农村土地征用补偿金额直接涉及农民的切身利益,容易引发一些相关矛盾,进而影响社会稳定,也对农村社会经济发展有着负面影响。

除上述一些主要问题之外,还有农村的价值观念问题。农村价值观念根深蒂固,不能随现代社会的文明进步而与时俱进。越是贫穷落后的地区,农村的观念越是守旧。不少人安于现状只求温饱,有着小富即安的心态。等、靠、盼的观念较强,不愿意主动改变现状,不愿意主动创新,不思进取,不愿意吸收现代文明,更不愿意自我发展,遇到公共问题时不团结,不愿意分担责任,私利狭隘;甚至会出现宗派斗争问题,或受其他歪风邪气影响严重。

二、农业问题分析

我国自古以来就以农业大国著称,先后经历了原始农业、传统农业、现代农业过程。近代我国精耕细作的传统农业模式已闻名于世,受世界农业发展的推动作用,我国农业也进入了现代农业的大潮。近期学者将农业功能归结为"五F":食物(Food)、饲料(Feed)、纤维(Fiber)、燃料(Fuel)、休闲(Fun)。党的十六大以来,国家全面推进"三农"实践创新、理论创新、制度创新,全面确立了重中之重、统筹城乡、"四化同步"等战略思想,全面制定一系列"多予、少取、放活"和"工业反哺农业、城市支持农村"的重大政策,全面构建农业生产经营、农业支持保护、农村社会保障、城乡协调发展的制度框架,农业生产得到很大发展,农村面貌得到很大改善,农民群众得到很大实惠,农业农村发展实现了历史性跨越,迎来了又一个黄金期,初步探索出一条中国特色农业现代化道路。但是目前农业发展过程中还是存在一些不足或问题。

(一) 粮食安全一直是头等大事

广义的粮食安全问题包括农产品的数量问题和质量问题。一般来说,数量问题就是粮食安全问题,质量问题除了本身的品质之外还包括食品质量安全问题,尤其是食品质量安全问题很重要。我国的粮食安全问题是长期性的。我国存在需求增长与供给不足的矛盾,这个矛盾将长期存在。这一矛盾还表现为小生产和大市场的矛盾。我国现在还有

两亿多农户,每个农户的平均经济规模非常小,相当于美国的 1/400,即使把现在的农民一半挪出去,或者 2/3 挪出去,我国农业规模扩大了两倍,仅仅和现在韩国、日本的规模差不多。我国粮食安全用数据来说明,更有说服力。如近几年,我国每年都进口 9000 多万吨大豆,占国内大豆需求量的大部分份额。中国粮食需求与世界市场紧密相关,确保粮食供应的安全自给率非常重要。近来一些种粮区的土壤污染问题较为严重,粮食质量问题受到国人的关注,这也反映了粮食安全问题的严峻性。中国是世界人口大国,粮食安全是第一安全。

(二) 农业水土资源利用问题

我国是一个耕地、淡水资源稀缺的国家,加上我国人口众多,人均耕地面积 0.095ha,仅相当于世界平均水平的 40%,并且耕地资源消耗较大,可供开发面积较小;我国淡水资源也极为紧缺,人均淡水资源每年仅有 2200m^3,仅相当于世界平均水平的 1/4,并且时空分布很不均衡。我国耕地资源分布失衡并呈现逐步减少趋势,农业生产承受自然风险成本巨大。我国东部地区耕地较为平坦,易于耕作,并且现代化程度较高,但极为短缺,而且经常受到涝灾;中西部地区耕地多为坡地,尤其是西部,不易农业耕作且现代化程度极低,经常受到旱灾的袭击。耕地是农业生产中不可替代的基本生产要素,在很大程度上决定农业生产能力的强弱。就耕地资源而言,因城镇化的大发展,全国"圈地"现象一直都存在,耕地资源日益缩减,确保"18亿亩耕地红线"的压力非常之大。同时,随着工业化的加快,城镇人口的增加,农业农药化肥用量的增加,水资源的工业化污染、城镇生活污水的排放、农业污染的加大,淡水资源受到严重污染,甚至大面积的地下水被严重污染,这威胁着农业的发展,也威胁着人们的健康。如何保护好并高效利用好稀缺宝贵的水土资源,已成为十分重要的话题。

(三) 农业结构单一

我国农业进入了一个新阶段。这个新阶段的特征是农产品市场供求关系发生了新的变化,由长期短缺到供求基本平衡、丰年有余,农业主要由自然条件制约转化为既受自然条件制约又受市场的制约,而且主要受市场制约。现阶段我国农业主要特征表现为:农产品总量出现阶段性的结构性的过剩,农产品供给与市场需求不一致。主要生产方式以种植业为主,没有形成农、林、牧、副、渔业一体化农业,没有形成种植多样化、特色化农业生产结构,作物品种单一,质量低。缺乏特色产品和规模生产,在大部分农村地区,主要还是以种植和生产传统的农产品为主,产品在市场上没有竞争力。在生产方式上,还是以传统的人力为主,机械化程度非常低。在产品的种植和生产品种方面,各农户仍是按自己的意愿来决定,很难形成生产规模化。虽然新的家庭农场或生态休闲农业园区在全国正在兴起,但一时难以改变农业结构单一的问题,农业在相当一段时期内在市场上还会处于被动的从属地位。

(四) 农业现代化进程慢

当前,我国农业发展的现代化程度还普遍较低,不仅远远落后于世界发达国家的普遍水平,同时也远远滞后于当前我国农业发展的需求。农业现代化程度低、农业科学技术创新与农技推广乏力是造成农业生产能力薄弱的主要原因。农业发展,一是靠政策,二是靠科技,三要靠投入。目前,我国很多地方的农业生产仍然处于传统的耕作手段,主要依靠人力与畜力来从事农业生产。地理条件的制约农业投入资金不足，致使农业科技现代化水平低下，科技在农业生产中的占比不高。除此之外，我国农业科技创新与农业科学技术运用之间相对脱节，也就是说，依托高等院校、科研机构所发明创新的农业科技大都处于"实验室"与"试验田"中，不能被有效、及时地运用推广到农业生产当中而转变为现实的农业生产力，这也在很大程度上制约着我国农业生产能力的提高。

（五）农业污染较为严重

现代农业的主要特征是集约利用资金和能源，弱化了农业生产对土地和劳动力的依赖，以投入大量无机能量——化肥、农药、燃料、电力等来维持农业生态系统平衡，这种现代农业发展模式被称为石油农业，其生产规模与生产效率达到了前所未有的水平。一方面使得农产品极大富余并改善农业生产状况，另一方面也不可避免地带来了对资源环境的破坏，付出了沉重的资源和环境代价，严重威胁着农业的发展乃至人类的生存与健康。也使得农业对化石能源的依赖性增强，加剧了化石能源的消耗；对灌溉的依赖性增加，导致农业用水量大增，加剧了水资源危机，同时不少地区出现了"地下漏斗"和造成次生盐渍化；过度垦殖土地造成耕地表层水土流失严重，滥垦、过度放牧等引起大面积土地沙化；集约化养殖和乡村工业发展排出的大量"三废"（废气、废水、废渣）、农田过量施用而未被作物吸收利用的氮素转化成硝酸盐、大量施用难以有效分解的高残留化学农药等日益污染着大气、土壤、地表和地下水资源；在农产品丰收的同时，农作物秸秆生物量增加，如何处理这些秸秆成了问题，特别是焚烧秸秆对环境带来污染，又造成资源的浪费。这种"高投入、高能耗、高产出""先污染后治理，先破坏后整治"的常规发展模式，导致人们片面追求经济的高速增长，而忽视了资源环境、经济和社会三者的协调发展，致使资源过度消耗，已成为全球性的重大问题，严重阻碍着经济的发展和人民生活水平的提高，继而威胁着全人类未来生存和发展。

（六）农业支持力度不足

农业是弱质产业，又是公益性产业，国家对农业投入一直有所欠缺，甚至早年还有以农业支持工业发展的特殊情况，而造成严重的投入短缺。近年来虽然重视了财政对农业的投入，但其增长幅度比较低，难以满足农业发展的资金需要。改革开放以来，国家财政用于农业的支出，其绝对量呈现出不断增长的趋势，但相对规模却有所下降。在整个财政支农支出中，地方约占80%，地方财政普遍缺乏增加农业投入的积极性，进一步导致农业发展后劲不足。地方政府在局部利益驱使下，将资金投向急功近利的产业寻求短期收益，对农业投入却大幅度下降。对一些农业生产的基础设施或公益性的投入需要大量财政支出，如农田水利建设、农业土地整理、农业生态环境恢复、大面积的土壤污染治理、水污染处理等的投入都需要巨额财政支出。现实的支出与需求对比显得严重不足。

（七）农民合作组织不发达，农业公益性服务组织不足

新时期的农业发展需要多种形式的新型农民合作组织。农民合作社是带动农户进入市场的基本主体，是发展农村集体经济的新型实体，是创新农村社会管理的有效载体。目前各地有效的农民合作组织少，各地重视程度不够。目前部分乡、村成立了农民专业合作组织，但区域分布不均衡。在农业生产条件较好，农产品优势较为突出的郊区发展

的农民专业合作经济组织较多，作用发挥较好。世界各国各地区的经验表明，农民合作组织对发展现代农业非常重要，以我国台湾地区农业为例，其各种农业组织非常发达，推动了其农业的发展。而我国其他地区目前在这方面的发展还处于萌芽阶段，与农业大国地位远远不相配。农业公益性服务体系包括乡镇或区域性农业技术推广、动植物疫病防控、农产品质量监管、农业灾害预防等公共服务机构。这些机构在我国的数量及服务质量都显不足。

（八）农产品流通性差，市场不稳定

我国农产品流通渠道不畅，常常出现时鲜农产品滞销。首先是缺少全国统一的农产品市场流通网络，全国性的农产品集散地、优势农产品产地市场少；其次是地区性的大型农业品集散基地少，仓储物流设施落后，覆盖农产品收集、加工、运输、销售各环节的冷链物流链条没有形成；再次是农产品冷冻储藏、分级包装、电子结算技术落后，农产品电子商务还处于前期探索阶段。我国农产品市场不完善，农产品市场调控能力弱，没有形成价格调节体系，常常发生价格"过山车"现象，没有形成重要农产品市场监测预警机制，还常常受国际农产品市场影响；市场调控效果评估制度也未形成，农资产品储备制度不完善。农产品市场成熟还要相当一段时期才能实现。

（九）农业面临国外市场挑战，少有国际竞争力

我国已加入WTO（世界贸易组织），农业面临着国外农产品市场的挑战。加入WTO，我国必须逐步改革农产品国际贸易体制，削减农产品进口关税，提高贸易的自由化和国际化程度。同时削减国内导致贸易扭曲的支持政策，减让农产品出口补贴。加入WTO的本意就是要降低关税，增加市场准入，扩大市场开放度，提高私营部门对农产品国际贸易的介入程度。这就意味着会有更多价廉物美的国外农产品进入国内市场，在全球经济一体化和贸易自由化的趋势下，我国农业已不可避免地卷入越来越激烈的国际竞争中去。国内超小型的家庭农业经营，与经营规模比我们大百倍甚至更多的欧美大农场去一比高低，结果显然不尽如人意。我国的农业生产所面临的挑战必然不小。另外，在诸如农业技术水平、农业劳动力素质、资金实力等其他方面也存在相当大的差距。我国的农产品自从加入WTO以来进口和出口都在增加，因为进口增加得更多，农产品贸易的幅度很大，从原来的顺差变成逆差。

三、农民问题分析

当前"三农"问题的重要问题是农民问题。"三农"问题中、农民、农业、农村三者是相互关联的，前面已在农村问题及农业问题中涉及了相关问题，这里只讨论与农民直接相关的问题，否则会使问题复杂化，也难以说清楚农民问题。农民问题已发生了变化，现在首先要搞清楚谁是农民，农民是谁；再就是农民的素质问题，农民的收入问题，农民的出路问题及农民的权利问题。

（一）谁是农民，农民是谁

传统农民是指长时期从事农业生产的人。《春秋谷梁传·成公元年》记载："古者有四民：有士民，有商民，有农民，有工民。"传统的农民称呼也可泛指住在农村中的人，或被称为"乡下人""乡巴佬"，即居住于乡间村野中人。现代观点认为，对于农民概念

要全方位地考察，只有从不同的角度来考察，才能搞清楚农民的概念。首先，农民是个相对概念，是相对城市人这一概念而出现的，在历史发展早期没有农民与城市人之分，随着生产力发展人类社会出现了分工，才有农民的称呼。其次，农民概念具有区域性，一方面是区别于生活在城市中的人群，另一方面是不同区域的资源环境等条件不同，农民特征概念也有所不同，如城郊的农民与偏远区域的农民特征就不一样。再次，农民概念具有阶段性，在不同的历史阶段的生产力要素不同，其决定着不同的农民存在形态。古代农民与现代农民有许多不一样的特征。最后，农民概念具有领域性。从不同领域来看有不同的特征；如，从事农林牧渔副业的人，其特征都有所不同；从户籍管理领域理解，即农村户口的人就是农民；还有从文化及经济等领域来看，都有不同的特征。

农村现状已显著地表明，传统农民早就不是纯农民了，只不过是住在农村，绝大部分都是兼业者，只有"386199部队"为事农主力，数千年的农民概念经过改革开放的几十年历程后已大为改变。所以，农民两字必须有新的含义。要想改变农村面貌，农民问题必须解决好，为"农民"两字正身，是未来的必然趋势。最新观点认为，农民是一种职业，而不是对某一类人的称呼，现在新的农民，即"新农人"是指有一定的技能的从事各种相关农事活动的人，如新出现的家庭农场主、农业园区业主以及专门从事大规模种养殖的老板等。这些农民不一定是农村中定居人，可以是城市人，可以是新一代的农村人，可以是大学毕业生，可以是专注农业的爱好者等。定居于农村中人不一定是农民，可以是城市人，可以是公司老板，可以是大科学家，可以是田园风光爱好者，也可以是休闲养居之人。由以上分析可知，谁是农民——定居农村中人不一定是农民；农民是谁——农民不再是传统意义的种田人，农民是一种职业。

（二）农民的素质问题

农民素质问题已成为社会高度关注的议题，其重要性已影响我国国民经济总体发展的战略布局。虽然随着这些年的社会经济发展，农村生产力和物质生活水平有了较大的提高，广大农民求知求乐的愿望更加强烈，追求科学、文明、健康生活方式，追求良好人际关系和社会风气的愿望更加强烈。但是，农民的整体素质与正在进行的新农村建设需求，与农民进城工作入户的要求，与社会对农民素质的整体期望都有较大的差距。主要表现在以下4个方面。

1. 整体文化素质较低，封闭保守

农民文化素质是农民自身全面素质形成的基础，也是不断提高农民生产技能素质和思想道德素质的基本前提。在我国农村，人口多，劳动力多，且整体文化素质较低。根据2019年人口变动情况抽样调查，我国农村居民初中文化程度者占比达41.5%，有小学、高中和大专及以上文化程度的分别占34.6%、11.3%和4.7%，未上过学的占7.9%。文化素质低下，制约着农民的脱贫致富。农村总体上表现为，凡生活能够温饱或较富裕的家庭，都具备一定的文化知识，而生活贫困的家庭，基本上文化素质较低。较低的文化素质，也直接影响着农民接受新知识和各种信息的能力，加之农村公共文化体系缺失，导致贫困恶性循环。农民由于多年来形成的居住分散而又封闭，小农经济自给自足，小农意识浓重，墨守成规、满足现状、不思进取，得过且过、安于现状、消极自我，缺乏创新精神，在自然面前无能为力，被动接受灾害；思想保守，目光短浅，不愿意接受新的思想，不愿意学习新的东西。封闭的小农思想，守土观念浓厚，也严重影

响了新农村的重新构建。

2. 思想道德价值观还需提升

随着国家社会经济发展，农村经济结构也发生了深刻的变化，农民思想文化多元、多变、多样的特点日益明显，一些不良的社会现象依然存在。虽然物质生活水平有了很大的提升，但精神文明及思想道德价值观还需要提升，向宜居宜业的和美乡村努力。

3. 资源环境生态保护意识差，生活方式不科学

当前我国正在大力推行资源节约环境友好型社会，但在农村地区这一观念的落实还存在一定困难。浪费资源、河流小溪淤积的现象还存在，农村生态环境依然受到威胁。随着社会经济发展的加速，农民的生活条件与生活方式已经得到了很大的改善，但许多农民还缺乏健康保健意识，一些地方病还存在。这些方面还需要努力改变。

4. 跟风现象严重，民主法制意识淡薄

改革开放以来，农村政治文明建设有了较大进步，农民的民主法制意识也有较大提升，但仍然存在一些问题。无论在生活、生产中，一些人容易跟风，缺乏自己的主见与判断，典型表现为跟风建房、跟风种植、跟风消费，造成了严重的资源浪费；甚至跟风一些不良行为，如对集体事件表决或民主选举时，投票随意，缺乏主见，无组织性；法律意识淡薄，表现为一些人随意对山林资源、水土资源进行破坏，侵害集体或个人的权益甚至生命财产安全等。被侵权时维权意识薄弱，常常表现为土地纠纷、工资被拖欠、假种子假农药、水土资源被污染、婚姻家庭纠纷、医疗事故及交通安全事故等发生后不知所措，不愿意去依法据理力争，反而也纵容了一些事件的发生。

（三）农民的收入问题

当前我国农民收入主要来源为三个部分：家庭经营性纯收入、劳动报酬收入、转移性和财产性收入。近年来，农民收入增速不稳定，时快时慢，原因有多方面，既有农业和农村经济内部的原因，也有来自农村之外的影响。具体表现为以下几个方面。

1. 农产品价格不稳定影响农民收入

农业方面的收入虽然不是农民的主要收入来源，但其对农民收入还是有影响的，特别是对落后的中西部地区农民来说影响力较大。农产品受国内同行业的竞争影响，"谷贱伤农"的现象常常发生，增产不增收，特别一些时鲜农产品时有滞销现象发生。还有一些农产品价格出现"过山车"情况，忽高忽低，由"蒜你狠"到"蒜你贱"。同时，由于我国农耕方式大部分还是传统模式，其导致了成本过高。目前我国大多数农产品的市场价格已远高于国际市场价格，随着我国加入WTO，关税壁垒逐渐取消，外国农产品大量进入，农业将面临国际农产品价格和品质的激烈竞争，农民农产品增收的前景越来越严峻。

2. 农业结构调整缓慢，制约农民收入增长

农业结构不合理，产品质量不高，"大路货"多，名优特产品比例低；一般性品种多，专用品种少；初级产品多，加工产品少，精深加工产品更少。虽然农业生产全国性的区域化分工有了很大进展，但区域比较优势尚未充分发挥出来，区域性结构不同程度存在大而全、小而全问题。目前，庞大的城镇消费者对新型农业发展模式有着较大的需求，如有机农产品、生态农产品、休闲农业产品，但近阶段难以满足。由于结构调整一直滞后，农产品供给结构与需求结构脱节，从而导致部分农产品"卖难"和价格下跌，

影响了农民收入水平的提高。

3. 科技文化素质影响收入高低

农业生产已经从传统农业生产走向现代农业生产，科技进步对农业产出的贡献越来越大，对增加农民收入有着不可替代的作用。没有科技，就没有高品质、多品种的新产品，就没有低成本、高效益，也就无法增加农民的收入。农业科技的推广和扩散是靠高素质的人才来掌握和运用的。农民的现有素质导致其难消化吸收新技术，这影响了农业的增收。农民收入主要是靠非农产业实现的。文化水平越高，农民流动的机会就越大，参与劳动的可能性就越大，获得的收入就越高。20世纪80年代后期以来，农民跨地区流动，大量进入城市择业，进城打工成为增加农民收入的一个重要途径，但许多城市或明或暗出台了一些对农民工使用的限制政策。

4. 农村财政转移支付不足，城乡地区发展不平衡

长期以来，我国优先发展工业、资源倾斜城市的政策使得各种资源分配在城乡之间形成巨大差距。随着市场机制的建立，这种状况不但没有改变，反而进一步促使生产要素加速流向发达地区。农村财政转移支付资金绝对数量不足是当前制约农村公共服务水平和经济发展的重要问题。农村财政转移支付资金分配相对比例失衡，造成了资金分配上的不公，越发达、越富裕的地区获得的数量越多，相反，贫困落后地区获得的数量较小，没有起到均衡作用。经济落后的农村地区的县乡财政捉襟见肘，难以实现支持地方经济发展的目标。现实的"马太效应"制约了农民致富，影响了农民收入增长。

（四）农民的出路问题

据第七次全国人口普查结果，农村人口至少还有5亿。如此巨大的农村人口数量，而有效的耕地资源日趋变少，人多地少的矛盾越发凸显。人均耕地面积过小，依靠纯种田很难活命，农村与城市差距也在拉大，农民的出路在哪里？农民的出路问题是具有决定性的问题，已上升到政治高度。解决好中国农民问题，是头等大事，一直受到政府及社会各界的高度关注。农民问题解决得如何，事关我国社会整体事业的成败。农民问题也是实现农业现代化、乡村振兴的主要内容，这些任务使新时期的农民问题具有新的内容、新的特点和新的复杂性。"三农"问题中农民问题是核心问题，也是关键问题，有什么样的农民就有什么样的农村，农民是农村的主人；农民决定农村面貌，也决定农业发展的程度及质量；如何安置农民，如何让农民过上更幸福的生活，如何让农民数量减少至适合数量，如何让农民走出农村，如何让进城的农民工享受到与城市居民同等的待遇，如何让农民进入城镇生活，转变成市民，如何让农民真正当家作主，如何让农民真正成为一种职业，而不再是一种身份称呼，等等，都是需要解决的问题。

农民的出路问题具体怎么解决，本书下一节做相关介绍。

（五）农民的权利问题

农民的权利问题总体来说是生存权和发展权问题。农民权利具体表现主要为两个最基本的方面，即农民的土地权利和农民的平等权利。当前农民的土地权利与平等权利两个方面缺失较多。农民与土地紧密联系，土地是农民的命根子，现阶段因多种因素的影响，农民与土地关系似乎若即若离。一方面农民要求拥有土地使用权，甚至是所有权；另一方面，大部分农民又不愿意真正被土地所束缚着，农民已基本是兼业农民。如何处

理好农民与土地的关系是个很复杂的问题，正在寻求系统的方案，其不仅仅是依靠土地制度能改变的。农民的平等地位就是要平等地享受与城市居民一样的权利，即平等的社会保障、受教育机会、劳动权利、受教育权利等。

第四节　现代城乡发展模式的"三农"构建

农村地域系统是在农村地域范围内，由自然禀赋、区位条件、经济基础、人力资源、文化习俗等各要素交互作用构成的具有一定结构和功能的开放系统。其由自然资源、生态环境、经济发展和社会发展等子系统构成内核系统；区域发展政策、工业化和城镇化发展水平等构成其外缘系统。

一、现代城乡发展模式的农业之路

未来农业面临许多新的机遇与挑战，要继续在确保粮食安全的前提下进行农业结构调整；实现规模化生产，走产业化经营；走生态农业之路，提高农业资源利用效率；发展多种新式农业经营方式；加大农业投资力度，提升农业的现代化水平。

（一）确保粮食安全的前提下进行农业结构调整

在确保粮食安全的前提下，全国及各地区要以水土资源为依托，因地制宜地选择种养加结构。农业结构调整事关重大，关系到我国农业现代化的实现，关系到农村稳定与繁荣，其要有合理、科学而长远的战略目标。从全国整体局势看，我国农业已经进入到一个新的发展阶段，农业农村发展面临着一系列的挑战。主要表现为：普通农产品相对过剩；农民收益增长不稳定，种田积极性下降，食品安全和农村社会稳定问题使得我国农业问题变得更加复杂；农产品生产越来越受国内外市场影响，因此农业结构必须进行调整，也就是现在我们种什么、养什么的问题。结构调整要有目标性：首先是效益目标，特别是近期农业污染问题凸显，要坚持生态效益与经济效益及社会效益兼顾；其次是质量目标，即提高农产品质量，增强产品的竞争能力，这是结构调整的重点；再次是农民目标，结构调整必须处理好国家、集体和农民三者的利益，使农民受益，农民致富是重点。结构调整还要有相应的原则，主要有确保粮食安全的原则，市场化、多元化原则，规模化经营、专业化生产原则，质量精品及科技含量原则，全国一盘棋原则及各地区因地制宜的原则。农业结构调整包括大农业中的农林牧副渔业的结构调整，也包括种植业中的各种作物种类及品种的调整，特别是特色品种、经济作物品种及新型农业类型的发展及推广。

（二）要实现规模化生产，走产业化经营之路

传统农业一直是弱小产业，仅仅能自给自足。现代农业要求有规模，有了规模才能有效益。农业规模化需要农业生产资料要素的规模化，重要的是土地资源为主要要素的规模化，使耕地资源相对集中，以规模化提升农业资源利用效率，提升农业生产效率。实现农业规模化生产，有多方面的优点：一是能节约资源与能源，减少了因碎片化经营而产生的浪费，减少了人力、物力的投入，大大提高了资源利用率及产出效益；二是规模生产能推进农业现代化的实现，一些科技手段能更好地开展，农业机械化作业也可便利地得到应用；三是能增强抵抗市场风险的能力，有了规模，就有了更好的效益，也就有了更强的抵抗市场风险的能力。

有了规模化之后，产业化经营非常重要，规模化是产业化的前提，产业化经营是农业发展壮大的关键环节。农业产业化生产经营的关键又在于农业产业链的建立，目前，我国农业产业链的完善还有很大的提升空间。

农业产业链的拓展要从种业、种养殖业、农业加工业、农产品储存与物流、农副产品市场营销、农产品品牌创立、农副产品品牌推广、农产品开发与农业新项目的开发及转型等方面下功夫。这些方面要组成一个完整而有序的链条，从产前到产中、产后等形成一个完整的产业系列。

（1）建立产前产中系列产业链。其包括种业、种养殖技术（包括农业防灾减灾）咨询、劳动力供给、机械化作业服务、水土资源流转中介、农药化肥专供服务等多方面。如：种业对农业生产来说是至关重要的，没有种业的保障，农业生产就没有基础，须大力支持发展种业产业；种养殖技术是生产过程中必需的支撑，成立相应的专业咨询服务团队是现代农业的基本要求；水土资源流转是规模化种植的前提条件，需推广水土资源流转利用的中介组织或协会，让农业生产资源合理流转；劳动力供给、机械化作业服务、农药化肥专供服务等方面也须建立相应的服务组织，为农业生产提供必需且及时的服务。建立产前产中系列产业链，为农业生产提供基本保障，也是提升农业资源利用效率的基本途径，拓宽传统农业生产过程，为吸引农村富余劳动力提供新的空间。

（2）建立产后及深加工产业链。农业产后的一个重要环节是产品如何保鲜、如何及时销售。近几年来，每到丰收季节，产品销售一直都是"老大难"问题。建立现代化的农产品储存中心，完善区域性或全国性的物流交易平台及网络交易体系是关键。农产品储存中心，需分区域建立。物流及网络交易平台，需要全国联网、区域协调。

深加工是解决农产品丰收并提升农产品附加值的重要办法。产后及深加工都需要不同的技术人员与劳动力参与，并需要现代化的技术及工业手段，这里面有许多项目需要开拓，这些项目能消化许多富余劳动力，提供更多的就业岗位。

（3）建立农副产品品牌及农副产品市场营销产业链。农副产品精深加工后，就应考虑销售问题，采取分类定位各阶段客户方法提升产品价值含量，利用树立"一村一品""一镇一品"的办法，打造农副产品特色品牌。发展农业电子商务，利用电子商务的现代化管理手段，并通过农村广播、电视、报纸等媒体，走立体化的营销推广之路。

只有树立品牌之后，并推广品牌，形成良性的循环，让农产品品牌深入人心，受到消费者认可甚至是追捧，农业品牌产业体系才能真正建立起来。涉农营销产业建立后，农民可以不用再愁产品滞留问题，农村劳动力会得到充分利用，农业产业链将会更加巩固。

（4）建立农业新项目的开发及转型等产业链。农业新项目的开发及农业结构转型是基于农业产业的复杂性及多样性，深化农业生产的功能，并利用好农业生产过程中产生的物质与环境效应，并提高有效农业资源的利用率。农业要走集约化、效益化、生态化及休闲观赏性的新路子，如向休闲农业、景观农业、体验农业、有机农业、绿色农业、生态养居产业等方向发展，尽可能地深入实现农业的附加价值。

休闲农业是利用农业景观资源环境和农业生产场景条件，发展观光、休闲旅游的一种新型农业生产经营形态。其是深度开发农业资源潜力,增加农民收入,辅助城镇化,促进城乡一体化的一种新型现代化农业发展模式。在休闲农业园区,参与者可体验农活,了解民俗风情、采摘观光,享受乡土风情、休闲度假。

有机农业是现代农业产业体系建设和持续发展的亮点,能够保证农产品品质、节约能源、降低成本、减少污染,是现代农业发展的重要方向。

绿色农业是广义的"大农业",其包括绿色动植物农业、白色农业、蓝色农业、黑色农业、菌类农业、设施农业、园艺农业、观光农业、环保农业、信息农业等。在具体应用上,我们一般将"三品",即无公害农产品、绿色食品和有机食品,合称为绿色农业产品。绿色农业不是传统农业的回归,是避免各类农业种种弊端,取长补短且内涵丰富的一种新型农业;绿色农业及与其伴随的绿色食品出自良好的生态环境;绿色农业是与传统农业的有机结合;绿色农业是多元结合的综合性农业。

休闲养居产业,就是利用农业生态资源,打造符合现代人的休闲养生居住产业,环境优美,生活舒适,具有极高的投资价值。

通过农业生产方式的创新与转型,既能提高从事农业者的收入,又能改善农业生态环境;既能提高农业资源的利用效率,还能创造新的农业就业岗位,是一种综合性的提升农业产业的理想方式。

(三)走生态农业之路,提高农业资源利用效率

目前我国农业生产面临环境污染、资源耗竭的境遇。由于近年来的农药、化肥、畜禽粪便、生活污水、工业"三废"、自然灾害、除草剂、添加剂等的影响已形成了农业面源污染,土壤受到大面积污染,现有的农业生产方式亟须改变,食品安全问题越来越受到人们的高度关注。新时代的农业如何发展,选择走生态农业之路已是业界甚至全球的共识。

生态农业理念就是以生态学观念来发展农业,即少用或尽量不用现代化学品来替代传统精华的种植方式——以施用有机肥为主,人工除草或动物食草,种子为本地品种(即不用转基因品种),立体化的种植养殖,以天然的自然生态环境系统为生产背景,利用生态链条的相生相克关系预防病虫害,尽量做到节地、节水、节肥、节农药、节种子、节能和农业资源循环利用,提高农业资源的利用效率。

生态农业强调发挥农业生态系统的整体功能,以大农业为出发点,按"整体、协调、循环、再生"的原则,全面规划,调整和优化农业结构,使农、林、牧、副、渔各业和农村第一、第二、第三产业综合发展,并使各业之间互相支持,相得益彰,提高综合生产能力。简单地说,生态农业就是在良好的生态条件下所从事的高产量、高质量、高效益农业。它不是单纯地着眼于当年的产量、当年的经济效益,而是追求经济效益、社会效益、生态效益的高度统一,使整个农业生产步入可持续发展的良性循环轨道,把人们追求的"青山、绿水、蓝天,生产绿色食品"变为日常生活所需。

为了搞好生态农业建设,一方面要注重总结与推广我国传统农业中适于生态农业的经验和做法,比如,合理轮作、种植绿肥、施用有机肥、横坡打垄、修建水平梯田等,这些都是广大农民十分熟悉并且愿意接受的措施;另一方面,要加紧研究与大力推广先进的生态农业新技术,如杀虫灯、光解膜、生物农药、生物化肥、秸秆还田、节水灌溉等。

2002年,当时的"农业部"向全国征集了370种生态农业模式或技术体系,通过

专家反复研讨，遴选出经过一定实践运行检验，具有代表性的十大类型生态模式。这十大典型模式和配套技术是：北方"四位一体"生态模式及配套技术，南方"猪—沼—果"生态模式及配套技术，平原农林牧复合生态模式及配套技术，草地生态恢复与持续利用生态模式及配套技术，生态种植模式及配套技术，生态畜牧业生产模式及配套技术，生态渔业模式及配套技术，丘陵山区小流域综合治理模式及配套技术，设施生态农业模式及配套技术，观光生态农业模式及配套技术。

（四）发展多种新式农业经营方式

根据新的农村农业形势，2023年中央一号文件明确提出发展多种形式的适度规模经营。在依法自愿有偿和加强服务基础上，完善土地承包经营权流转市场，发展多种形式的规模化、专业化生产经营。引导土地承包经营权向生产和经营能手集中，大力培育和发展种养大户、家庭农（牧）场。

新的农业经营主体，在家庭经营层面，除了原来单个小农户，现在有了专业大户、家庭农场、职业农民、联户经营；统一经营层面，除了原来的集体经济组织，现在还有专业合作社、社会化产业经济组织等。目前，最受各界关注的是农业合作社、家庭农场及休闲生态农业园区的发展。在此，分别对这三者作精简论述。

1. 农业合作社

农业合作社是在家庭承包经营基础上，同类农产品的生产经营者或者同类农业生产经营服务的提供者、利用者，自愿联合、民主管理的互助性经济组织。其基本特征是：在组织构成上，合作社以农民作为经济主体，主要由进行同类农产品生产、销售等环节的公民、企业、事业单位联合而成，农民至少占成员总人数的80%，从而构建了新的组织形式；在所有制结构上，合作社在不改变家庭承包经营的基础上，实现了劳动和资本的联合，从而形成了新的所有制结构；在收益分配上，合作社对内部成员不以营利为目的，将利润返还给成员，从而形成了新的收益分配制度；在管理机制上，合作社实行入社自愿，退社自由，民主选举，民主决策等原则，建构了新的经营管理体制。

2. 家庭农场

家庭农场是指以家庭成员为主要劳动力，从事农业规模化、集约化、商品化生产经营，并以农业收入为家庭主要收入来源的新型农业经营主体。发展家庭农场是提高农业集约化经营水平的重要途径。目前，有条件的地方率先建立家庭农场注册登记制度，明确了家庭农场认定标准、登记办法，有专门的财政、税收、用地、金融、保险等扶持政策。那么如何发展家庭农场？

家庭农场要摆脱小农生产的模式才有前景，需按如下要求来做。

（1）土地要整理好，创造基本生产条件。因家庭农场的主力是家庭成员，人数不过2~3人，如果地块过小或边角多或高低不一，农耕机具难以进入，水利条件不便利，则会耗时费力且效益差。因此，须进行土地整理，调整农地结构，归并零散地块，平整土地，改良土壤，道路、林网、沟渠建设成套，改善保护好生态环境。

（2）要采用生态种养殖方式。家庭农场一般都具有一定的规模，如要形成良性发展，则需要采用生态种养殖方式。目前，石油工业化时代的农业种养殖方式已受到社会诟病，食品污染而引起的食品安全使得社会对食品产生了严重的信任危机。只有采用生态方式进行农业生产，方能种出安全、有营养价值的粮食，才能产生较好的经济效益及社会效益，家庭农场才会有良好的前景。

（3）要有农业技术等多方面的投入与支持。现有的小户种养殖技术条件落后，不适合家庭农场的要求。家庭农场的规模较小，种养殖技术必须提高，否则跟不上季节，会误了生产时机。种养殖技术的提升就意味着投资要大大提升，这里说的技术包括机械化耕作手段、种植养殖的农艺耕作技术等。传统家庭基本上没有这些方面的技术，靠的是看天吃饭和一些自然的传统手段。只有加大投入，才能满足家庭农场的物力及人力要求。

（4）要增加名优精特品种，少搞"大路货"。传统自给自足的家庭生产基本以普通的"大路货"为主，单调且没有市场竞争力。家庭农场生产是规模化的生产，需要有市场竞争力的多样化的种养品种，特别是一些名品、优质品、精品及特品，不仅销路好，而且有丰厚的经济效益回报。从某种程度上来说，也确保了农业资源的利用效率，产品滞销，就是严重的资源浪费。

（5）要有现代营销思路。传统的小农生产，基本没有市场营销意识，其原因有多种，自给自足是重要原因，但家庭农场生产规模化了，同时也产生了市场风险，需要有现代营销手段，运用多层次的多样化的现代信息网络传媒手段，推销自己的农产品，形成产品品牌，稳定并开拓市场，走出一条适合现在家庭农场发展的大道。

（6）要规模、要适度，较大规模的要有专业规划。家庭农场与传统小农的最大区别在于规模，但规模要适度，规模过小或过大都不会有好的经济效益，过小就会浪费投入，过大会导致经营不足，浪费资源。有了规模之后还得有专业的规划。有了规划，就能为长期发展定目标，能指导更科学、系统地发展，能得到相关的许多优惠政策及保护，能为消费者提供明确信誉保障，能为增资扩容服务等。

（7）要有支持政策的稳定性。我国全部土地实行社会主义公有制，个人不能拥有土地所有权。现行的土地制度的约束，不同于国外的家庭农场，农场的产权家庭成员可以继承，而我国现行制度及法律不允许这样做，即便是农用地可以在法定范围内流转，但产权不能流转，这就很难留住家庭成员长期坚守农业，也一定程度上阻碍了家庭投入积极性，也就给家庭农场的发展带来了不稳定的隐患，让一些愿意经营家庭农场的人难有坚定信念，从而影响农场的长远发展。

（8）准入制度要标准且有严格要求。家庭农场是新的农业经营方式，受到许多人的追捧，有城里人、有大学毕业生、有公务员等，他们都对其有较高的热情。虽然目前只有农民才能经营家庭农场，但一些变相做法也会存在，这就要求有严格的准入制度及相应的经营标准。

3. 休闲生态农业园

休闲生态农业园是适合城镇化的需求，既能缓解城镇人的压力，让城镇居民享受悠闲与宁静，体验乡村生活，又能发展农业产业，发展农村经济，为城乡一体服务的一种好的农业生产模式。休闲生态农业主要围绕"农"字激活农业，以体验"农"的氛围，参与"农"的生活，享受"农"的风情，感受"农"文化或接受"农"教育为内涵。休闲生态农业的亮点是适合休闲，环境生态化，体验农业家事活动，其要打造的是原汁原味的纯自然产品，让参与者获得自我、娱乐其中，感受到农家的温馨。

休闲生态农业未来前景广阔，但整体层次需提升，须与"新四化"结合，与时俱进，目前正是老一代休闲农业产品更新换代的时机，特别是高档的休闲生态农业产品更受追捧。

全国各地现有的休闲生态农业亟须从市场需求、创新开发思维、园区规划、产品升级换代、基础设施建设、卫生环境达标、经营管理、农耕文化提升等多方面做工作，才能迎来休闲生态农业的大发展时机。具体来说，做法包括以下几方面。

（1）要从市场需求方面做好经营与管理。休闲农业是精品农业，又是时尚产业，不是一般的普通农业，其要有吸引人的亮点，要符合休闲市场的需求，经营内容要多样化，既要有时鲜的消费产品，又要有能休闲体验的产品，两者要紧密结合。

农业园区的管理需要与现代经营管理接轨。早期的休闲农业园区管理落后，均为人工管理，而现代休闲业的管理均为网络化的一站式服务，从票务的预订到费用支付及消费者信息反馈等，均需采用现代化的便捷的方式。只有管理走上正轨，才能有更好的效益。

（2）要有创新开发思维。休闲农业要围绕"乡、野、奇、特、优、精"做文章。乡，就是要以乡土气息为主题，不要融入太多的城市风味；野，就是要有乡村旷野感，不能搞得过于现代教条化；奇，必须有新奇的东西吸引人，如体验的新奇感、吃的新奇味、玩的新奇开心；特，就是要有与别人不同的东西，一个休闲农业产品必须有自己唯一的独特亮点；优，就是要环境优越及提供优雅的服务；精，就是种养殖产品要精，服务也要精致。

（3）完善基础设施建设，卫生环境达标。一般农业项目只要满足基本农业生产活动即可，而休闲农业园除了基本生产活动外，重要的内容是接待，让消费者能及时在园区内休闲消费并能有愉悦的体验感，这就需要有较好的接待设施，如酒店或休闲小屋。一般农业生产对卫生环境没有特别的要求，但休闲接待业有较高的卫生环境要求，环境舒适，休闲消费者才有较好的心理感受，才能产生物有所值的消费快感及享受成就感。

（4）产品升级换代。目前，十几年前在大中城郊兴起来的"农家乐"式的休闲农业园，已经跟不上消费的心理预期，普遍表现为同质化、低档化。休闲农业产品及接待服务等方面都需要升级换代。新的农业园区项目须从高起点、高标准地做起，才能满足市场需求。

（5）作为休闲农业产品，还要注重传统农耕文化提升。休闲产业同时也是一种文化产业，休闲农业也需融入传统农耕文化元素。

（6）园区要有规划。休闲农业园要既有农业特色，又有休闲特色。其是一种综合服务产业，必须有精心的设计与规划。要有吸引消费者的时尚项目，还要有长远的发展安排。

（五）加大农业投资力度，提升农业现代化水平

加大农业投资力度，提升农业现代化水平，主要内容如下。

1. 继续加大农业投入力度

按照总量持续增加、比例稳步提高的要求，不断增加"三农"投入。中央和县级以上地方财政每年对农业的总投入增长幅度应当高于其财政经常性收入增长幅度。预算内固定资产投资要向重大农业农村建设项目倾斜。耕地占用税税率提高后，新增收入全部用于农业。严格按照有关规定计提和使用用于农业土地开发的土地出让收入，严格执行新增建设用地土地有偿使用费全部用于耕地开发和土地整理的规定。积极推动土地出让收益用于高标准农田建设。继续增加现代农业生产发展资金和农业综合开发资金规模，充分发挥中国农业产业发展基金的引导作用。

2. 形成多元化投入格局

农业投资除利用好国家政策性投资资金外，还要加大吸引"三资"（指资金、资产、资源）开发农业的力度。大力吸引境外资本、工商资本和民间资本等农业外资开发农业项目，还要调动农民参与农业农村基础设施建设的积极性，通过组织动员和政策引导等多种途径，鼓励各种社会力量与乡村结对帮扶，参与农村产业发展和公共设施建设。这不仅能有效解决农业生产中缺资金、缺技术、缺信息的困难，还可以增强抵御自然风险和市场风险的能力，并在很大程度上使土地、资金、技术、人才等资源得到优化配置，促使"生计农业"向"市场农业""生态农业""科技农业"转型，努力形成多元化投入新格局。

3. 加大农业支持保护力度

坚持和完善农业补贴政策。强化农业补贴对调动农民积极性、稳定农业生产的导向作用，建立农业补贴政策后评估机制，完善补贴办法，增强补贴实效。继续实施种粮直补；落实农资综合补贴动态调整机制；研究逐步扩大良种补贴品种和范围；扩大农机具购置补贴规模，加大农机化薄弱环节生产机械补贴力度；加大动物强制免疫补贴力度；逐步完善农业生产关键技术应用与服务支持政策，大幅度增加农业防灾减灾稳产增产关键技术良法补助；坚持和完善渔用柴油补贴政策；继续实施农业种子、种苗、种畜、种禽免税进口优惠政策。

4. 建立完善农业生产奖补制度

完善主产区利益补偿机制，提高中央财政对粮食、油料生产大县转移支付水平，继续加大对产粮大县、生猪调出大县的奖励力度，规范粮食主产县涉农投资项目地方资金配套。全面实施和完善草原生态保护补助奖励政策，扩大草原生态保护、面源污染防控生态奖补范围和规模，探索实施生物农药、低毒农药使用补助政策。研究建立高耗能老旧农业机械报废回收制度，探索实施报废更新补助。

5. 加大对农业科研和技术推广的支持力度

完善现代农业产业技术体系，继续实施转基因生物新品种培育重大专项、公益性行业科研专项等农业重大科研项目；建立种业发展基金；加大国家重点基础研究发展计划、国家高技术研究发展计划、国家科技支撑计划等在农业领域实施力度，选择部分农业科研院所予以稳定支持。将乡镇或区域性农业技术推广、动植物疫病防控、农产品质量监管等公共服务机构履行职责所需经费纳入地方财政预算，按照种养规模和服务绩效安排工作经费，实现在岗人员工资收入与基层事业单位人员工资收入平均水平相衔接，将基层农业技术推广体系改革与建设示范县项目基本覆盖农业县（市、区、场）、农业技术推广机构建设项目覆盖全部乡镇；启动基层农业技术推广特设岗位计划。加大动物疫病防控经费投入，完善病死动物无害化处理补贴制度。建立和完善农作物病虫害专业化统防统治补助政策。扩大粮棉油糖高产创建、园艺作物和畜牧水产养殖产品标准化创建以及农业标准化示范县项目规模。继续向农民免费提供测土配方施肥服务，扩大土壤有机质提升项目实施范围和规模。继续加大农业农村人才培养力度，对大学生涉农创业按规定给予相关政策扶持。

6. 改善农村金融服务

加快农村金融组织、产品和服务创新，推动发展村镇银行等农村中小金融机构。进一步完善县域内法人银行业金融机构新吸收存款主要用于当地发放贷款政策，落实和完善涉农贷款税收优惠、农村金融机构定向费用补贴和县域金融机构涉农贷款增量奖励等政策。引导金融机构发放农业中长期贷款，加强考核评价。完善农民专业合作社管理办法，支持其开展信用合作，落实农民专业合作社和农村金融有关税收优惠政策。扶持农业信贷担保组织发展，扩大农村担保品范围。加快发展农业保险，完善农业保险保费补贴政策。健全农业再保险体系，探索完善财政支持下的农业大灾风险分散机制。

二、现代城乡发展模式的农民特点

（一）农民是一种职业，而不是身份

未来农业规模化、产业化，大多数种地的人不是传统意义的农民，农民会成为一种职业，而不再是一种身份，农民必须有专业技能，会应用现代技术工具，成为真实的种地高手；还可能成为农业的投资者、管理者、产业工人，以及为农业服务的经营者。多数农民在自己的家乡能安居乐业。也就是未来的职业农民不仅有文化、懂技术、会经营，而且会有较高的经济收入，不会轻易离开农村，而且有建设维护新农村的理念、技术和组织能力与适应能力，职业农民是新农村建设的基础保障，也是人才保障。

（二）农民的居住地呈多样化

未来农民不再像传统农民那样完全居住于农村，而是分散在不同的地点。因农业生产条件大大改善，机械化与自动化替代人力劳动，从事农业工作不再全是体力劳动，有技能型劳动，有智力型劳动，还有服务型劳动，农业劳动便利化、轻松化，农民从脏活、累活中解放出来，可以像城市人一样生活。除大部分定居于农村外，还有部分居住于乡村集镇中，甚至居住于中小城市中。

（三）农民的人口规模变小

目前，中国的农民数量太大，只有减少农业人口，让土地相对集中，农业经营规模加大，农业效益才会有提高。农民人口数量减少是农村富裕的基本前提条件，弱小农户的生产方式无法提高收入达到富裕。经过"农一代"富余劳动力转移到城市或当地重新就业，专心从事非农产业，"农二代""农三代"经过求学等多种方式离开农村，农民人口规模变小。农民数量减少，也能更好地重塑农村，提升农村发展的整体水平。

（四）农民的素质大大提升

未来农民素质的提升主要表现在：继续保持良好的风气和传统美德，有良好的思想道德品质，有热爱家乡，热爱农业、农村与农民的品质；有较高的文化素质，较强的科技素质，较强的经营管理素质，较高的接受和辨别市场信息的能力及较高的就业、转业及创业能力；有较强的主体意识，崇尚科学先进，反对迷信愚昧；有浓厚的民主法治观念；有较强的生态环保意识；有与时俱进的时代意识。

（五）农民收入提高，生活质量提升

随着农民人口的减少，农业生产经营规模的增大，农业产业链的加长，农业效益的

提高，农产品价格的增长，支农政策的加大及农村生活生产条件的改善，农民从农业经营中获取的收入会大大提高；加之农民素质及技能的提升，农民从农业中的间接收入及非农收入也将会有增加。农民生活质量也会因收入的增加、农村条件的改善而获得提升，能享受到与城市人一样的生活品质。

（六）农民享有平等的权利，自我管理提升

农民的平等地位就是要享受与城市居民一样的平等权利，即平等的社会保障权、受教育权、土地使用权等。随着农民素质的提高、物质生活条件的改善、劳作方式的非体力化等，农民会主动关注自身的权利，政府也会更加重视农民的权利。

土地使用权是农民权利的最重要权利。将来土地使用权的流转会正规、统一化，涉农拆迁会法治化及人性化，农民利益会得到公正对待；各地根据经济发展的具体状况，因地制宜，循序渐进，建立起符合各地区实际的、层次不同、标准有别的农村社会保障体系。不同的地区应建立不同程度的社会保障标准，实行不同的保障水平、灵活的保障方式、多样化的保障模式，农民的社会保障权会逐步落实；农民的受教育权特别是受社会高度关注的农民工子女受教育权将会得到妥善解决，随着农民流向分化，进城镇的农民子女会就地就近上学。

随着农村基层组织管理力度的提升，如农村中各种专业合作组织的建立、农村社区组织的建立，农民自我管理水平将会大大提升。

三、现代城乡发展模式的农村构想

（一）农村面貌新景象

未来的新农村是理想家园。现代城乡发展模式的农村是山水自然、景观优美的天然家园。各个村落的自然地理景观优美，生活环境优越，农村景观错落有致，内部交通便利，生产活动更便利化生态化，生产效益高效化，农民收入高增长，生态经济社会效益可持续发展。农村成为农民美好幸福的家园。

未来的新农村是美丽的安居乐业之地。新农村的功能发生了很大的变化，传统农村是从事农业活动及从事农业人员居住的地方。而现代新农村有制造业工业、农副产品加工业，还有诸多的服务业（如休闲旅游业），农村已不单纯属于农业的领地。现代新农村也不仅是从事农业人员的居住地，特别是近郊农村，有不少从事非农业的人员也定居其中，其定居选择的目的不一，不少是被农村清新的环境所吸引，向往到农村郊野居住的人将越来越多。

（二）农村经济大繁荣

党中央在十七届三中全会上对农村经济大发展大繁荣规划了宏伟蓝图：未来农村经济体制更加健全，城乡经济一体化形成；农村基本经营制度、农村土地管理制度、农业支持保护制度、农村金融制度等基本完善，城乡经济社会发展一体化制度得到建立。

家庭经营将采用先进科技和生产手段，增加技术、资本等生产要素投入，达到高度集约化水平；农户或家庭农场联合与合作，将形成多元化、多层次、多形式经营服务体系，龙头企业与农民建立更加紧密的利益联结机制，农民合作社组织发达。农业生产力高度发达，农村农业市场规模大而繁荣，形成强大农业体系。农业生产的核心要素土地

的承包经营权流转制度更加成熟，规模化经营将成为主流。农村人口职业化定位的转移基本完成并达到稳定，各得其所。农业支持保护力度大大提升，农村与农业生产的基础设施得到完善，基本满足生产需要。农村金融制度完善，商业性金融、合作性金融、政策性金融相结合，农村资本充足、功能健全、服务完善、运行安全。农村金融政策支持力度不断得到加强，融资渠道拓宽，各类金融机构都积极支持农村建设发展。城乡规划、产业布局、基础设施建设、公共服务一体化等方面取得突破，公共资源在城乡之间均衡配置、生产要素在城乡之间自由流动，推动城乡经济社会发展融合。

（三）农村产业化更加发达

未来新农村的三大产业结构趋向合理，一产（即第一产业）占比缩小，二产（即第二产业）占比提升，三产（即第三产业）占比快速增加，产业链体系建立完善。农村第一产业现代化水平大大提升，不再是弱小产业，产业基础得以稳定，产业品质得以全面提升；农业第二产业更加符合农村发展及农业需要，农业工业不再与城市工业争高低，而是以农副产品加工为主要内容，不再是被城市淘汰转移来的落后工业，而具有农村资源与区位优势，具有典型的农村特色；农村第三产业——农村服务业水平和技术含量提高。农村信息、农村金融、农村会计、农村咨询、农村法律、农村休闲旅游服务、农村运输与仓储服务、农村建筑装修服务、农业种养殖技术服务、农机修理服务、农业收割播种系列服务、农产品销售与电商服务、农村养老业服务、农村快递服务、农村家政服务等行业将会蓬勃发展，也将带动全社会服务业整体水平提高。

农村产业结构的新调整将更有利于解决好农村劳动力就业问题，也会进一步推动农村经济的繁荣与农村社会的稳定发展。

（四）农村公共服务及保障系统发达

未来城乡基本公共服务均等化明显推进，农村交通、通信、信息、电力、卫生、饮水等公共服务有极大的改善及提高，与城市水平基本接近。农村文化进一步繁荣，农民基本文化权益得到更好落实，农村人人享有接受良好教育的机会，农村基本生活保障、基本医疗卫生制度更加健全，农村社会管理体系进一步完善。到那时，公共财政覆盖农村范围不断扩大，农村公共事业更加发展，广大农民学有所教、劳有所得、病有所医、老有所养、住有所居的愿望得到实现。

（五）农村基层管理得到加强，推进社区化管理

农村基层组织建设进一步加强，村民自治制度更加完善，农民民主权利得到切实保障。到那时，在农村基层民主参政方面，在扩大有序参与、推进信息公开、加强议事协商、强化权力监督等方面将会得到进一步加强；在基层政权建设方面，以直接选举、公正有序为基本要求的民主选举实践，以村民会议、村民代表会议、村民议事为主要形式的民主决策实践，以自我教育、自我管理、自我服务为主要目的的民主管理实践，以村务公开、财务监督、群众评议为主要内容的民主监督实践深入开展，乡镇治理机制进一步完善，农民知情权、参与权、表达权、监督权进一步依法得到保障；在农村法治建设方面，涉农法律法规更加完善，依法行政能力增强，涉农执法监督和司法保护强化；在农村公益事业建设机制方面，村民一事一议筹资筹劳办法进一步完善。

试点将借鉴城市社区建设的经验，根据农村实际，突出社会管理和生产生活服务两

个方面，涉及八项内容，分别为社区党建、服务、经济、文化、卫生、环境、治安和志愿服务活动。具体内容是，社区要把驻社区或其他组织中的党员、退休回村党员、外来流动党员纳入社区党组织管辖范围；社区以服务农民生产生活为主，建立农民专业合作社、专业协会，为农民产前、产中、产后提供信息、技术和销售等服务。村一级要设立社区服务站，开展各类便民利民服务，为村民提供儿童入学、入托的服务，为村内困难群众、五保户、残疾人等特殊人群办理最低生活保障、医疗服务。

社区要大力发展村集体经济，推进农业产业化，通过建立农业合作经济组织搞合作经营。社区要搞好村图书室、文化活动室、文体队伍、室外活动场所、健身路径等建设。同时，要建立卫生服务站、育龄妇女检查室；搞好村内街道的硬化和管线、排水、改厕、沼气使用等配套设施建设。要设立社区警务室，成立治安巡逻队伍，建立人民调解委员会，做好矛盾纠纷化解工作。建立多支专兼职志愿者队伍，帮助独居、病、困的弱势群体和优抚对象。

（六）未来乡村规划内容

2017年中央一号文件提出加快编制村级土地利用规划；2014年《住房城乡建设部关于印发〈村庄整治规划编制办法〉的通知》对村庄规划也有明确的规定。

2017年中央一号文件指出：优化城乡建设用地布局，合理安排农业农村各业用地。完善新增建设用地保障机制，将年度新增建设用地计划指标确定一定比例用于支持农村新产业、新业态发展。加快编制村级土地利用规划。在控制农村建设用地总量、不占用永久基本农田前提下，加大盘活农村存量建设用地力度。允许通过村庄整治、宅基地整理等节约的建设用地采取入股、联营等方式，重点支持乡村休闲旅游、养老等产业和农村三产融合发展，严禁违法违规开发房地产或建私人庄园会所。完善农业用地政策，积极支持农产品冷链、初加工、休闲采摘、仓储等设施建设。改进耕地占补平衡管理办法，严格落实耕地占补平衡责任，探索对资源匮乏省份补充耕地实行国家统筹。这已经比较详细地说明了编制村级土地利用规划的意义及功能。

2017年《住房乡建设部关于印发〈村庄整治规划编制办法〉的通知》要求：编制村庄整治规划应以改善村庄人居环境为主要目的，以保障村民基本生活条件、治理村庄环境、提升村庄风貌为主要任务；要尊重现有格局，在村庄现有布局和格局基础上，改善村民生活条件和环境，保持乡村特色，保护和传承传统文化，方便村民生产，慎砍树、不填塘、少拆房，避免大拆大建和贪大求洋；注重深入调查，采取实地踏勘、入户调查、召开座谈会等多种方式，全面收集基础资料，准确了解村庄实际情况和村民需求；坚持问题导向，找准村民改善生活条件的迫切需求和村庄建设管理中的突出问题，针对问题开展规划编制，提出有针对性的整治措施；保障村民参与，尊重村民意愿，发挥村民主体作用，在规划调研、编制等各个环节充分征询村民意见，通过简明易懂的方式公示规划成果，引导村民积极参与规划编制全过程，避免大包大揽。在编制内容方面，编制村庄整治规划要按依次推进、分步实施的整治要求，因地制宜确定规划内容和深度，首先保障村庄安全和村民基本生活条件，在此基础上改善村庄公共环境和配套设施，有条件的可按照建设美丽宜居村庄的要求提升人居环境质量。

在保障村庄安全和村民基本生活条件方面，可根据村庄实际重点规划以下内容：村庄安全防灾整治；农房改造；生活给水设施整治；道路交通安全设施整治；环境卫生整治；排水污水处理设施；厕所整治；电杆线路整治；村庄公共服务设施完善；村庄节能改造；村庄风貌整治（防止照搬大广场、大草坪等城市建设方式）；历史文化遗产和乡土特色保护。

那么，我们当前的乡村规划最需要什么？笔者认为，首先应该是乡村的整体环境规划，其次才是物质空间规划。

乡村整体环境规划已经是刻不容缓。当前乡村建设经历了自20世纪90年代到现在，差不多能占用的乡村土地空间已基本占用了，村民要建的房子数量差不多已定型了，因为20世纪70年代生育高峰时期的孩子已经长大成家立业了，需要建房的已经建了，有相当一部分进城定居了。他们的下一代，大部分系"农三代""农四代"，通过求学或跟随父母在城镇生活工作，不会再在乡村建房定居了，实在要建也只是在祖辈宅基地上重新修建了。在这种实际情况下，控制乡村建筑用地面积的基本意义已经不大，或者说再补做乡村土地利用与建设规划已经晚矣。当然，也不能说做乡村规划没有一点儿意义，目前乡村环境问题十分不乐观，特别是20世纪群众义务出工做的遍布乡村的沟渠或自然小河流、堰溪等现在基本已被淤塞了，或被各种垃圾污染了，这就需要一次彻底的规划整治行动，需要国土与建设等部门的一些规划与实际行动来推动乡村环境的大清理，让乡村环境重新回到青山绿水、美丽芳香的时代。现在乡村交通路网已很发达了，道路两边环境，特别是河流系列环境与乡村风貌已严重不匹配了。

正如2017年中央一号文件中提到，乡村要深入开展农村人居环境治理和美丽宜居乡村建设。推进农村生活垃圾治理专项行动，促进垃圾分类和资源化利用，选择适宜模式开展农村生活污水治理，加大力度支持农村环境集中连片综合治理和改厕。开展城乡垃圾乱排乱放集中排查整治行动。开展农村地区枯井、河塘、饮用水、自建房、客运和校车等方面安全隐患排查治理工作。开展农村人居环境和美丽宜居乡村示范创建。

乡村物质空间规划也是非常重要的。对此笔者已多次发文讨论过，乡村物质空间规划包括土地利用类型及控制规模与用地指标、乡村的具体建筑规划、乡村建设风貌与风格、乡村民俗遗产文化、乡村的规模及功能（小村并大村、特色村落的修复及重新利用等）、乡村文脉与地脉、乡村的三农产业、乡村人力资源、乡村社区化管理及素质的提升等，都是需要进行规划指导的，但这些方向只能是采用现实适用性原则，要全面铺开，那是需要海量资金的，在当前的社会发展条件下，较为艰难。正如2017年中央一号文件提出的培育宜居宜业特色村镇。围绕有基础、有特色、有潜力的产业，建设一批农业文化旅游"三位一体"、生产生活生态同步改善、第一、第二、第三产业深度融合的特色村镇。支持各地加强特色村镇产业支撑、基础设施、公共服务、环境风貌等建设。打造"一村一品"升级版，发展各具特色的专业村。支持有条件的乡村建设以农民合作社为主要载体、让农民充分参与和受益，集循环农业、创意农业、农事体验于一体的田园综合体，通过农业综合开发、农村综合改革转移支付等渠道开展试点示范。深入实施农村产业融合发展试点示范工程，支持建设一批农村产业融合发展示范园。

乡村要大力发展乡村休闲旅游产业。充分发挥乡村各类物质与非物质资源富集的独特优势，利用"旅游＋""生态＋"等模式，推进农业、林业与旅游、教育、文化、康养等产业深度融合。丰富乡村旅游业态和产品，打造各类主题乡村旅游目的地和精品线路，发展富有乡村特色的民宿和养生养老基地。

乡村要做大做强优势特色产业。实施优势特色农业提质增效行动计划，促进杂粮杂豆、蔬菜瓜果、茶叶蚕桑、花卉苗木、食用菌、中药材和特色养殖等产业提档升级，把地方土特产和小品种做成带动农民增收的大产业。大力发展木本粮油等特色经济林、珍贵树种用材林、花卉竹藤、森林食品等绿色产业。实施森林生态标志产品建设工程。开展特色农产品标准化生产示范，建设一批地理标志农产品和原产地保护基地。推进区域农产品公用品牌建设，支持地方以优势企业和行业协会为依托打造区域特色品牌，引入现代要素改造提升传统名优品牌。

乡村要建设现代农业产业园。以规模化种养基地为基础，依托农业产业化龙头企业带动，聚集现代生产要素，建设"生产＋加工＋科技"的现代农业产业园，发挥技术集成、产业融合、创业平台、核心辐射等功能作用。科学制定产业园规划，统筹布局生产、加工、物流、研发、示范、服务等功能板块。鼓励地方统筹使用高标准农田建设、农业综合开发、现代农业生产发展等相关项目资金，集中建设产业园基础设施和配套服务体系。吸引龙头企业和科研机构建设运营产业园，发展设施农业、精准农业、精深加工、现代营销，带动新型农业经营主体和农户专业化、标准化、集约化生产，推动农业全环节升级、全链条增值。鼓励农户和返乡下乡人员通过订单农业、股份合作、入园创业就业等多种方式，参与建设，分享收益。

乡村要开发农村人力资源。重点围绕新型职业农民培育、农民工职业技能提升，整合各渠道培训资金资源，建立政府主导、部门协作、统筹安排、产业带动的培训机制。探索政府购买服务等办法，发挥企业培训主体作用，提高农民工技能培训针对性和实效性。优化农业从业者结构，深入推进现代青年农场主、林场主培养计划和新型农业经营主体带头人轮训计划，探索培育农业职业经理人，培养适应现代农业发展需要的新农民。鼓励高等学校、职业院校开设乡村规划建设、乡村住宅设计等相关专业和课程，培养一批专业人才，扶持一批乡村工匠。

（七）未来乡村规划建设的新思维

1. 坚持城乡统筹规划的原则

坚持城乡统筹发展基本原则，以改善民生为核心，以设施配套为基础，以民主管理为保障，以体制机制创新为动力，按照"生产发展、生活宽裕、乡风文明、村容整洁、管理民主"的总体要求，从"富、美、强、安、和"这5个方面做好科学规划。有序做好城镇乡村的统筹规划，以中心村为重点，分类推进，修编完善村庄布局规划，明确县市域内中心村、一般村的数量、功能与位置，形成县城、中心镇、一般乡镇、中心村、一般村、特色村相结合的村庄布局规划体系。兼顾村庄特色、人口、用地规模、布局及建筑等因素，适度集聚、相对集中，设计要特色鲜明，做到生态化与现代化，兼顾实用性与公共性。要与旧村改造结合，统筹安排新村建设的各项用地和空间布局，因地制宜、节约用地。以村民自愿为主，引导村民合理进行建设。另外，规划要坚持立足长远发展的观念，不能一蹴而就，要分步实施，试点示范带动，适时推进。

总体把握：以人为本，并重民意；城乡一体，统筹发展；规划先行，梯度推进；生态优先，突出特色；因地制宜，分类指导；做到四不破坏，即不破坏自然环境，不破坏自然水系，不破坏村庄肌理，不破坏传统风貌。

2. 促进小村向大村集聚发展，建设特色村落

小村庄往往交通条件差，生存环境恶劣，土地利用率偏低，在条件相对较好的地区，可选择条件好的村庄作为扩村基点，小村并入其中，在此基础上改造原来的村庄，从基础设施、饮水工程到生态环境以及村级文明、村办产业建设等方面进行改造。对原来的小村视其土地利用条件进行退居还林、还草或还耕。对一些特色村落，在保持原有风貌的基础上，进行综合改造，打造成具有现代气息的特色村落，还可考虑开发成为乡村旅游景点，走发展乡村生态经济之道。

3. 促进村落空间集聚发展

我国已进入了工业化社会，这种高度分工的生产方式也极大地提高了社会生产力，工业化时期的农业生产也会更多地依靠科技，从而农业生产力也随之提高了，对从事农业的劳动力需求也大大减少了。我国农村现状也已经表明，留在农村的常住人口已大大减少。不少农民已进城务工多年，甚至定居在城市里，农民的收入近年来连续上升。这些迹象说明可以开始引导部分农民进入大中小城市，让农民变为市民。对一些常年外出务工且愿意留在家乡居住的以及仍然常住农村的一些农民，可引导其集中居住在小城镇。现有的不少移民建镇的成功例子表明，把一些农民集中到镇居住是可行的。根据各地具体情况，考虑有些农民还是以务农为主要生活手段，建设村乡小镇时，各种居住设施要方便农民生活，如需要养少量的家畜及存放农具，这就要建设人畜分离式的住房。集中到镇居住的农民可以宅基地换房或优惠购房，进入大中小城市居住的农民可以给予其所有的空宅基地一定的补偿。这样可以节省大量的农用土地，也大大提高了农用土地的利用效率。

4. 加强"空心村"改造

一些大村庄，特别是较为老式的大村庄，村容村貌较差，空间设置不合理，内部交通不便，往往村中心都有"空心"现象，新房包围着旧宅，外围房子建设得较为华丽，而中心则较为破败，无人居住。浪费土地资源严重，农民不会主动去改造这些旧貌，必须给予正确的政策引导，对综合条件较好的村庄进行重新规划，对综合条件差的村庄采取逐步引导规划，分期改造。总体上按适合农村人均需用的面积限定宅基地面积，每户建筑房产的面积必须在限定面积之内，不得超越使用土地，对超越使用宅基地面积的个别农户实施土地使用有偿制度，按累积制收取土地使用费，也就是超得越多，收取的费用就越高。对"空心村"实行土地银行制，把"空心村"改造后还林还耕还草的土地卖给城市，补偿空宅基地权益人；拥有住房的家庭不得再建新的房屋，实行严格的宅基地审批制度；大村改造或"空心村"改造后的空地必须还林还耕或还草。

5. 农村村庄建设

农村村庄建设因地制宜，各地区要吸引本地特色的传统精华，不搞千篇一律的小洋盒子楼房。要有针对性地进行农村村落建设规划，以规划指导建设，结合乡情。按照新村规划，适度集聚、相对集中，设计要特色鲜明，做到生态化与现代化，兼顾实用性与公共性。做到传统与现代相结合，注重外观及结构的传统化，内部装饰装修的现代化，与环境相协调，传承遗产资源，光大中华民间文化。

农村村庄（落）建设总体来说，有企业主导模式、村集体社区型、政府主导型、复

合型这 4 类模式。

(1) 企业主导模式：由企业投资，规划开发经营管理。企业租赁古村作为旅游资源，付给村租赁费或实行门票分成，经营权与所有权分离。相对更易解决资金不足的问题；经营能力、管理水平优势明显；开发速度快，旅游成效较明显。开发商追求短期利益，易造成过度开发；主要利润流出社区，地方受益较少，不利于村落长远发展。适合保护要求不是很高、有较好市场区位或独特资源的村落；要求企业有较强的文化保护意识和相对长远的旅游开发眼光。典型案例有宏村、婺源理坑村、横店明清民居博览城。

(2) 村集体社区型：由村委会集体作为直接利益主体，设立旅游开发公司，自筹资金，自主开发，经营权与所有权统一。能够有效解决当地就业，利于长久发展；但也会因资金有限、开发速度慢、管理经营非专业化，从而见效比较慢。典型案例包括西递、蜀源村、党家村、花溪镇山村、诸葛村。

(3) 政府主导型：政府投入规划开发管理，统一性好，但产权难理清；条件差的地区适用于前期规划开发。典型案例是黄山呈坎村。

(4) 复合型：政府＋企业＋农户，优点较多，适合发达区域的村落。典型案例为北京门头沟斋堂镇。

总体说来，农村建设大致可分 3 类：一是部分农村村落有较丰富的自然资源或人文资源，可建设成为特色新农村，发展"一村一品"，如可用来发展乡村休闲产业经济，这一类型在全国一些地方已实现；二是部分建成集镇式的新农村，统一规划而建成，其基本为原来条件差合并的、移民集中居住的、拆迁的村庄新建而成；三是大部分村庄还只能在原地改造，化解空心化现象，修建成更适合生活居住的村落。除非非理性强行集中统一建成新村镇，否则，只有这 3 类现实的可能性，当然，强行拆建，广大农民也是不能接受的，这也是不可行的。

(八) 乡村重构的实现路径

对于乡村重构的实现路径，龙花楼和屠爽爽两位学者近期提出如下观点。

1. 空间重构

乡村空间重构，即通过优化镇村空间体系，重构乡村生产、生活、生态空间格局，实现乡村地域空间的优化调整乃至根本性变革的过程。

(1) 建立统筹城乡的镇村空间体系。依据镇村发展规模、空间分布、地域功能、交通干线网络，构建镇村空间集聚轴线和结构网络，形成中心镇—重点镇—中心村（社区）三级乡村聚落体系，加强乡村地域系统在空间上、功能上的有效衔接和相互支撑。

(2) 重构村落内部生产、生活、生态空间格局。针对农村居民点用地"散、乱、空"的现实状况，优化重构宜居适度的乡村生活空间。针对农业土地经营的细碎化现象，给土地规模经营和农业生产基地的建立提供空间场所，因地制宜进行"一户一田"制的试点工作；针对乡镇企业布局无序、规模分散弱小的特点，优化重构集约高效的乡村生产空间。

2. 经济重构

以产业培育为核心重塑乡村经济发展新动力，是乡村重构亟待解决的根本性问题。充分利用和吸收新的经济发展要素，深化农业农村政策制度改革，创新农村产业经营管理方式，改造活化乡村传统产业、积极培育乡村经济新业态是乡村经济重构的必由之路。

（1）改造活化乡村传统产业。改造活化乡村传统产业应突出重视现代农业产业体系建设，优化农业产业结构、品种结构、品质结构，加快农产品市场信息体系、质量标准体系和检验检疫体系建设。

（2）积极培育乡村经济新业态。乡村产业的培育应立足于城乡地域系统的差异和乡村地域的多功能价值，积极探索农业与互联网产业、旅游休闲、教育文化、健康养生等深度融合，推进养老产业、养生产业、生态旅游产业等乡村经济新业态。

3. 社会重构

城镇化的推进、工业文明的冲击以及近年来"迁村并居"的实施，使赖以维系中国传统乡村社会的村落文化、熟人社会、宗族关系被打破，乡村社会发展面临基层自治组织衰微、乡村发展主体弱化、文化记忆符号消失等问题，以地缘、血缘、亲缘为纽带的传统乡村治理结构面临解构。

（1）完善乡村组织治理体系，培育新型乡村发展主体。乡村社会重构的实现有赖于充分发挥村民治理主体的自治功能，促进村委会自治组织、经济行业组织、社会中介组织、基层公共服务性组织、群众团体等农村多元化组织结构体系的形成，以弥补国家行政干预范围过窄造成的管理真空。

（2）保护特色乡村文化景观，提升乡村文化功能。文化景观的形成受自然环境、生产方式和社会文化等多重因素的影响，彰显着乡村地域的文化传承功能。以传统聚落为核心保护特色乡村物质和非物质文化景观，是保护地域历史文化脉络、传承乡土记忆和"留住乡愁"的重要途径。

（九）乡村振兴战略规划

中共中央、国务院于2018年印发了《乡村振兴战略规划（2018—2022年)》（以下简称《战略规划》）。该文件对乡村建设提出许多重要的战略指导意见。现就部分重要内容解析如下。

（1）乡村是具有自然、社会、经济特征的地域综合体，兼具生产、生活、生态、文化等多重功能，与城镇互促互进、共生共存，共同构成人类活动的主要空间。

解析： 乡村也是全人类共同生存的空间，城镇人也可以去活动，也可以去生活，去乡村生活将来是时尚，去乡村休闲旅游前景更加美好。

（2）全面建成小康社会和全面建设社会主义现代化强国，最艰巨最繁重的任务依然在农村，最广泛、最深厚的基础在农村，最大的潜力和后劲也在农村。实施乡村振兴战略，是解决新时代我国社会主要矛盾、实现"两个一百年"奋斗目标和中华民族伟大复兴中国梦的必然要求，具有重大现实意义和深远历史意义。

解析： 为什么说乡村振兴，而不是农村振兴？因为城乡一体，农村和城市是一个体系，分开搞就没有办法搞，社会经济发展，政局稳定，都需要发展农村，把农村的事办好，把农村建设得更漂亮，甚至比城市更漂亮，这才是乡村振兴的意义所在。因此不能按老一套做法，还把农村和城市人为分开，而是应真正实现城乡一体，建设美丽富裕的乡村才是农村的出路。

（3）实施乡村振兴战略是建设"美丽中国"的关键举措。

解析： 建设美丽乡村是近年来全社会一直在坚持做的事，只有把乡村建设漂亮了，才能实现"美丽中国"的战略举措。

（4）实施乡村振兴战略是实现全体人民共同富裕的必然选择。

解析：实现农民生活富裕，是解决"三农"问题的核心。

（5）我国乡村差异显著，多样性分化的趋势仍将延续，乡村的独特价值和多元功能将进一步得到发掘和拓展，同时应对好村庄空心化和农村老龄化、延续乡村文化血脉、完善乡村治理体系的任务艰巨。

解析：乡村振兴要解决的紧迫问题还是比较多，需要全社会全民共同努力。

（6）走中国特色社会主义乡村振兴道路，让农业成为有奔头的产业，让农民成为有吸引力的职业，让农村成为安居乐业的美丽家园。

解析：正在发生着的现实包括：各地农业已逐渐在实现产业化发展，也出现了许多职业化的新农民，部分农村确实变得美丽了，成为城镇居民节假日常去的目的地了。

（7）坚持乡村全面振兴；坚持城乡融合发展。

解析：农村方方面面的问题较多，确实要全面协调发展，也确实需要城乡一体化才能实现各种要素自由公平的配置，实现城乡互补，共同发展。

（8）坚持人与自然和谐共生。

解析：广大农村地区有山水林田湖草，有好的生态环境系统，这是现代人类最需要的，也是城镇居民向往的生活环境。以绿色发展引领乡村振兴，这才是最大的前景。

（9）坚持因地制宜、循序渐进。

解析：切实把握乡村的差异性及特色，要做好顶层设计，注重规划先行，突出重点，不能急于求成，要结合当地区位条件进行规划设计及建设。

（10）因地制宜发展特色鲜明、产城融合、充满魅力的特色小镇和小城镇，加强以乡镇政府驻地为中心的农民生活圈建设，以镇带村、以村促镇，推动镇村联动发展。

解析：就地城镇化，以特色小城镇带动当地乡村发展，这是未来的发展模式。

（11）加强乡村风貌整体管控，注重农房单体个性设计，建设立足乡土社会、富有地域特色、承载田园乡愁、体现现代文明的升级版乡村，避免千村一面，防止乡村景观城市化。

解析：确实要以当地乡村特色为基础，不能搞千村一面的洋盒子式建设，更不要将城市建设成一个模样。

（12）科学划分乡村经济发展片区，统筹推进农业产业园、科技园、创业园等各类园区建设。

解析：庄园经济是未来的主要产业形态，笔者一直这样坚持认为，并发表了相关文章。

（13）乡村生活空间是以农村居民点为主体、为农民提供生产生活服务的国土空间。

解析：《战略规划》中也提出了"充分维护原生态村居风貌，保留乡村景观特色，保护自然和人文环境，注重融入时代感、现代性，强化空间利用的人性化、多样化"。这点确实不错。

（14）现有规模较大的中心村和其他仍将存续的一般村庄，占乡村类型的大多数，是乡村振兴的重点。

解析：《战略规划》中提出："科学确定村庄发展方向，在原有规模基础上有序推进改造提升，激活产业、优化环境、提振人气、增添活力，保护保留乡村风貌，建设宜居宜业的美丽村庄。鼓励发挥自身比较优势，强化主导产业支撑，支持农业、工贸、休闲服务等专业化村庄发展。加强海岛村庄、国有农场及林场规划建设，改善生产生活条件。"这个也提得相当到位，具有具体的指导作用。

（15）历史文化名村、传统村落、少数民族特色村寨、特色景观旅游名村等自然历史文化特色资源丰富的村庄，是彰显和传承中华优秀传统文化的重要载体。

解析：《战略规划》中提出："统筹保护、利用与发展的关系，努力保持村庄的完整性、真实性和延续性。切实保护村庄的传统选址、格局、风貌以及自然和田园景观等整体空间形态与环境，全面保护文物古迹、历史建筑、传统民居等传统建筑。尊重原住居民生活形态和传统习惯，加快改善村庄基础设施和公共环境，合理利用村庄特色资源，发展乡村旅游和特色产业，形成特色资源保护与村庄发展的良性互促机制。"这个提得详细且专业。

（16）对位于生存条件恶劣、生态环境脆弱、自然灾害频发等地区的村庄，因重大项目建设需要搬迁的村庄，以及人口流失特别严重的村庄，可通过易地扶贫搬迁、生态宜居搬迁、农村集聚发展搬迁等方式，实施村庄搬迁撤并，统筹解决村民生计、生态保护等问题。拟搬迁撤并的村庄，严格限制新建、扩建活动，统筹考虑拟迁入或新建村庄的基础设施和公共服务设施建设。坚持村庄搬迁撤并与新型城镇化、农业现代化相结合，依托适宜区域进行安置，避免新建孤立的村落式移民社区。搬迁撤并后的村庄原址，因地制宜复垦或还绿，增加乡村生产生态空间。农村居民点迁建和村庄撤并，必须尊重农民意愿并经村民会议同意，不得强制农民搬迁和集中上楼。

解析：该项内容详细专业，有现实指导作用。

（17）加快农业现代化步伐。坚持质量兴农、品牌强农，深化农业供给侧结构性改革，构建现代农业产业体系、生产体系、经营体系，推动农业发展质量变革、效率变革、动力变革，持续提高农业创新力、竞争力和全要素生产率。

解析：具体措施很多，需要分区域，创特色，增加投入，利用现代科技手段等。

（18）加大支农投入力度。建立、健全国家农业投入增长机制，政府固定资产投资继续向农业倾斜，优化投入结构，实施一批打基础、管长远、影响全局的重大工程，加快改变农业基础设施薄弱状况。建立以绿色生态为导向的农业补贴制度，提高农业补贴政策的指向性和精准性。落实和完善对农民直接补贴制度。完善粮食主产区利益补偿机制。继续支持粮改饲、粮豆轮作和畜禽水产标准化健康养殖，改革完善渔业油价补贴政策。完善农机购置补贴政策，鼓励对绿色农业发展机具、高性能机具以及保证粮食等主要农产品生产机具实行敞开补贴。

解析：继续加大农业支持，是相当长一段时期内的政策。

（19）顺应城乡居民消费拓展升级趋势，结合各地资源禀赋，深入发掘农业农村的生态涵养、休闲观光、文化体验、健康养老等多种功能和多重价值。

解析：把乡村资源优势变成发展优势，让城镇居民来乡村休闲度假养生居住，并拉动乡村社会经济发展。

（20）深入实施电子商务进农村综合示范，建设具有广泛性的农村电子商务发展基础设施，加快建立健全适应农产品电商发展的标准体系。

解析：以现代网络为宣传及营销手段，把乡村好的产品卖出去，在各大电商平台网购已是城市中产阶层家庭的购物常态。

（21）鼓励农民以土地、林权、资金、劳动、技术、产品为纽带，开展多种形式的合作与联合，依法组建农民专业合作社联合社，强化农民作为市场主体的平等地位。

解析：专业合作社是未来乡村发展的基本组织元素，合作社较单个家庭有更强的抗风险及协作能力。

（22）加快推广"订单收购＋分红""土地流转＋优先雇用＋社会保障""农民入股＋保底收益＋按股分红"等多种利益联结方式，让农户分享加工、销售环节收益。

解析：这些模式是具体让农民参与并可获得收益的好办法。

（23）更好发挥政府扶持资金作用，强化龙头企业、合作组织联农带农激励机制，探索将新型农业经营主体带动农户数量和成效作为安排财政支持资金的重要参考依据。

解析：这个鼓励办法很好，要让企业确实能带动当地农民。

（24）坚持市场化方向，优化农村创新创业环境，放开搞活农村经济，合理引导工商资本下乡，推动乡村大众创业，万众创新，培育新动能。

解析：资金、技术及人才等真正落实下乡，对乡村建设是关键。当年城市的改革开放也是一样的，这种经验是相通的。

（25）建设生态宜居的美丽乡村。牢固树立和践行"绿水青山就是金山银山"的理念，坚持尊重自然、顺应自然、保护自然，统筹山水林田湖草系统治理，加快转变生产生活方式，推动乡村生态振兴，建设生活环境整洁优美、生态系统稳定健康、人与自然和谐共生的生态宜居美丽乡村。

解析：建设美丽乡村，首先是生态环境恢复及建设，田园路林的整治，河溪沟湖的治理，农村垃圾的处理等；其次是村庄的改造，村容村貌的维护及建设；最后就是乡村文化的传承及发展等。《战略规划》中都提出了建议，具体还要根据各乡村的特色制定出有针对性、有效的规划，再建设。

（26）健全现代乡村治理体系：把夯实基层基础作为固本之策，建立健全党委领导、政府负责、社会协同、公众参与、法治保障的现代乡村社会治理体制，推动乡村组织振兴，打造充满活力、和谐有序的善治乡村。

解析：乡村的治理确实要下功夫，结合当下的需求及形势，把传统精华与现代法制相结合。

（27）保障和改善农村民生篇在规划中体现得比较详细。

解析：主要存在的问题还是农村中公共服务保障较薄弱，特别是农村养老服务问题尤其突出，城市养老问题还没有解决好，农村养老应该提倡更多灵活的方式。

（28）完善城乡融合发展政策体系篇及规划实施篇分别提出合理且科学的规划建议。

解析：对乡村建设中的土地利用问题提出了具体的建议，对乡村振兴提出了"梯次推进"的建议，并给出了分期建设成功的目标。

（十）宜居宜业的和美乡村构想

随着乡村振兴战略的不断推进，"三农"工作也进入新的发展阶段，由一开始乡村振兴战略总要求中的"生态宜居"，再到党的二十大会议首次提出"建设宜居宜业和美乡村"，这赋予乡村振兴战略新的时代内涵，让和美乡村不仅城里人"愿意来、留得下、住得好"，还能够"看得见绿水青山、记得住乡愁"。

"和美乡村"这一概念是建立在"美丽乡村"的基础之上，其涵盖了乡村振兴中建设美丽乡村的多年研究成果，并在此进行政策推进经验总结以及创新举措。"和美乡村"是产业、生态环境、人才全方位协调发展的新型农村，"和"体现出以人为本，全面、协调、可持续的发展理念，实现人与自然和谐共生，同时在乡风文明建设与生态环境发展中实现和睦相处。"美"是强调"望得见山，看得见水"，在保持乡村原有风貌的同时建设宜居宜业现代化乡村。"和美乡村"中"和"是它的精神内涵，"美"是它的直观表现，两者共同组成，相互促进。

那么，"和美乡村"如何建造？怎么建设？可以借鉴前期多年的"美丽乡村"经验。按照党的十九大报告在"实施乡村振兴战略"部分明确提出"产业兴旺、生态宜居、乡风文明、治理有效、生活富裕"的总要求。以乡村振兴战略总体要求为主要考量依据，设置产业兴旺、生态宜居、乡风文明、治理有效、生活富裕5个指标。产业兴旺是乡村振兴的物质基础，是解决农村一切问题的前提。乡村振兴的落脚点是农民生活富裕，而生活富裕的关键是农民增收。农民增收离不开产业发展。农业农村经济适应市场需求变化、加快优化升级、促进产业融合的新要求，是和美乡村的首要因素。生态宜居是乡村振兴的关键，是生态环境建设的重要任务。推动农业可持续发展，加快形成资源高效利用、生态系统稳定、农产品质量安全的新格局，深入贯彻绿色农业就是保护生态。以农村生态文明建设质的提升诠释和美乡村的基本内涵。乡风文明是乡村振兴的重要内容，是加强乡村文化建设、提高乡村社会文明程度的重要措施、构建和谐社会和实现"强国梦"的重要条件，也是和美乡村的基本要求。治理有效是乡村振兴的重要保障，推进乡村治理能力和治理水平现代化，让农村既充满活力又和谐有序，这也是和美乡村的重要保障。生活富裕是乡村发展的民生主旨，要满足广大农民群众日益增长的美好生活需要，是和美乡村的本质要求。产业兴旺、生态宜居对应了和美乡村"宜居宜业"的要求；乡风文明、治理有效重在体现和美乡村的"和"理念；生活富裕则体现了和美乡村的"美"追求。

对于和美乡村规划，建议因地制宜、"一村一策"，不搞"一刀切"。在开展各项整治提升工作中就地取材，保留乡土特色，将本村本土的花草树木、池塘等自然资源充分利用起来，美化房前屋后。要有效整合项目资金，不搞大拆大建，不过度水泥化，将保护自然资源、传统村落与危房拆除、巷道硬化、改水改厕、村庄绿化等工程一体推进。

第四章　现代城乡发展模式中的郊野

第一节　郊野概念及现状

"郊野"（suburbs）一词由来已久，原意是指城市外围地区。据《周礼·地官·载师》记载，中国早在西周时期就有规定"邑外为郊"；离城五十里，"以宅田、士田、贾田，任近郊之地"；离城百里，"以官田、牛田、赏田、牧田，任远郊之地"。郊野，字面含义即郊外之旷野。

一、国外对郊野的定义

根据《牛津英语词典》记载，郊野的英文为"suburhs"，这个词源于古法语中的"sub（b）urbe"，并逐渐演变为拉丁语中的"suburbium"（sub 表示下，urbs 表示城市）。

国外通常对"郊野"的认识是一个在城市的周边、有一定数量的人口之自治区域。帕伦（Palen，1995）认为，郊野是都市区内，中心城市边界以外的行政区和地方。美国的沃纳·赫希认为，郊野在极端情况下就是城市的宿舍区，是城市周围与中心城市相比人口密度和工业化程度较低的地区。日本的矶村英一在其著作的《城市问题百科全书》中明确指出：郊野即城市周邻地区，是随着城市的扩大在其周围形成的住宅区。

在美国、加拿大以及大部分的西欧地区，"suburb"一词是一个很明确的定义，指的是离开中心城市、不属于中心城市的自治区域。大卫·鲁斯克就在其所著的《没有郊野的城市（Cities Without Suburbs，1993）》一书中提倡"大都市圈政府"的概念（将以往的市和郡合并，把大都市圈内全部区域的管辖权都交给所属的地方政府）。

可见，国外的"郊野"一词既是一个相对于城区地理的概念，同时又包含了一定的政治含义。正如美国政府管理和预算署所做的定义，即，"都市区内，中心市以外的区域，统称为郊野"。因此，可以这样理解：国外"郊野"的概念具有两重性和相对性，泛指那些临近中心城市又位于中心城市行政界限以外，具有某些独特的人口、社会和经济特征，在经济和文化上对中心城市有很大的依赖关系，而在政治上缺乏独立中心城市的城市化和半城市化的居民社区。

二、我国郊野的定义

在我国，郊野自古以来就有明确的定义。《毛传》曰："坰，远野也。邑外曰郊，郊外曰野，野外曰林，林外曰坰。"中国最早的释义词典《尔雅·释地》曰："邑外谓之郊，郊外谓之牧，牧外谓之野，野外谓之林，林外谓之坰。"《里部》曰："野，郊外也。"在《遂人》职下注说，"郊外曰野，此野谓甸、稍、县、都。"郊外自距王城百里至二百里为甸，二百里至三百里为稍，三百里至四百里为县，四百里至五百里为都。而野，有时指距王城百里至二百里的甸，有时指距王城二百里至三百里的稍，有时又兼甸、稍言之，而不包县、都，有时则为甸、稍、县、都之总称，有时甚至包括四郊，即王城之外统称野。

《周礼》记载："距国五百里为都。""郊，距国百里为郊。"野是指郊外。最初指周代王城外百里的区域。《说文》记载："野，郊外也。"甲骨文的野字是由土及地上的树木所组成，表现出野外的风景。

中国第一部系统地分析汉字字形和考究字源的字书《说文》中说："距国百里为郊"。周代距王城百里谓之郊，三百里谓之野。统称"郊野"。《司马法》曰："王国百里为郊，二百里为州，三百里为野，四百里为县，五百里为都"。如今，郊野是城市有机组成的重要部分，它伴随于城市又服务于城市。郊野已经成为一个通俗易懂且具有行政区划意义的概念："城市辖区内除城区以外的地域，是城市周围在政治、经济、文化和国防事业上与城区有密切联系的区域，是城市不可分割的重要组成部分。"

郊野的现代定义是城市板块与农村板块的交会衔接处，其功能主要体现在为城市中心区服务上。郊野的功能和内涵会随城市中心区整体功能的演化而演化，在工业化过程中，郊野主要功能是作为城市蔬菜水果、肉禽蛋奶等农副产品供应基地，但随着后工业社会的到来，郊野的旅游度假功能越来越凸显出来。相对来说，郊野旅游功能有内容广泛性，层次的多样性、较强参与性的特点。

城区和郊野相互融合构成一个完整的城市。城区结构复杂，组成稳定，受宏观调控的影响大，城区中人口密集，工商业、服务业、交通运输业、文教卫生业比较发达，是人类生产、生活的密集区域，是城市组成的核心区域。郊野相对城市来说，结构比较简单，受城市中心影响低，又具有很多不确定影响因素。据2006年国家统计局划分城乡的规定，城市可分为城区、镇区及乡村。我们现在所说的市区，系指为广义的市区，即"广义的市区=城区+郊野"，城市市区以外，行政管辖范围以内，包括镇区及乡村的地区。

事实上，由于人类社会发展日新月异，有力地推动着城市化的进程，自工业革命至现代，从大都市诞生至郊野城市化乃至逆城市化现象的出现，发达欧美国家的郊野与城市之间的差别越来越小，城乡逐渐实现高度的一体化。特别是发达的交通运输业极大地缩短了人与人之间的距离，使郊野的功能和产业经营性质都发生了改变，郊野逐渐能拥有城市的社会功能又能提供优于城市的生活环境。不仅发达国家的郊野成为人们的流行生活居住地，在发展国家也是如此，特别是像我们国家的大中城市，亦已流行工作在城市中心，居住在郊野的生活方式，目前主要为富有的人们的追求或是对生活质量有高要求的人们的追求，大城市的生活环境远不如郊野。近来许多大城市常被雾霾天气困扰，越发凸显了城市生活的不健康感，一些在大城市生活工作的人出现了逃离大都市的现象，去郊野居住，或去中小城市居住工作。

郊野生活越来越受到人们的青睐，亦已经成为现实的可能性及现实的需求，必定成为不久的将来人们的首选。

三、郊野与郊区的区别

郊野,按我国古代定义其范围较大,远离城市数百千米为野,郊野体现在旷野之上,《现代汉语词典》解释其为郊区旷野;而郊区是城市周围的边缘地区,也指位于城市市区和农村之间,是城市与农村的结合地带,在这方面又同郊野是一个概念。郊野更体现生态观及地理意义,郊区着重体现行政规划观。现代的城市郊区一般围绕市区呈环状分布,郊区虽然是不同于城乡的特殊社区,但通常被当作城市的一部分。根据郊区与市区中心相距的远近,郊区可分为近郊和远郊。近郊是直接与市区毗邻的地区,具有更显著的城市特征。远郊位于近郊外围,是远离城市中心的环带,具有较强烈的农村特点。近郊和远郊是两个相对的概念,它们之间没有严格的界限。在中国,近郊和远郊的划分,通常由城市的行政管理部门决定。

本章讨论的郊野概念兼顾国内外的理念及郊区的特征,不予以明确区分,因现实中一般都认同两者概念几乎一致。

第二节 郊野功能分析及战略地位

一、郊野的特性

郊野是城市区的重要组成部分,它首先表现为地理上介于连接城市与农村纽带的特性。郊野具有优于城市的自然风光,又有优于乡村的经济基础,与农村和城市相比,郊野又具有自身的特性,包括其过渡性、城乡混合性等。

1. 区域性。郊野首先具有地理区域的特性,区域性特点使不同地区的郊野呈现出独特的特色和风貌。它连接着城市与农村,为两者提供良好的沟通渠道,是一种区域的概念。同时与城市、农村相同,是某一区域政治、经济、文化、人口、环境等诸多要素的综合,差异性主要表现在城市与郊野、农村与郊野的互动机制上。

2. 行政区划性。郊野不同于城乡交错带、城市边缘区等概念,具有浓厚的行政区划意义,作为区别于城区、农村的管理单元,在特定的行政区划体系下,郊野具有相对稳定的边界。这旨在确保郊野地区的有序发展,并协调城区、农村与其他地区之间的关系。

3. 动态稳定性。尽管郊野具有相对稳定的边界,但由于城市的发展,城区扩张,郊野一些符合条件的区域将会在行政区划调整中被划为城区,尤其是与城区接壤的近郊野,因此郊野是一个动态稳定区域。这可以确保郊野在时间上保持稳定、宜居和可持续的状态。

4. 过渡性。郊野不同于城区和农村,它处于城市和农村之间的过渡地带,是城市和乡村相互碰撞最激烈的区域,具有城市和自然环境的特征,因此被称为过渡性地带。无论景观还是生活方式,郊野基本按照与城市和农村的距离,由偏城向偏农过渡。当然,由于城市空间结构的发展,郊野中越来越多地出现与城区功能相近的新城、边缘城市等,这使得郊野的过渡性表现得尤为复杂。犹如不同大小的石块散落湖中,形成相互影响的波痕。落点代表了城市,而波痕的区域可以表示为郊野。

5. 城乡融合性。在郊野的范畴内,既有城市的诸多功能和特征,又兼具乡村的很多内容,体现了城市和农村在郊野地区相互融合和协同发展的特征。人口构成上(按照我国的户籍制度），既有城市人口，也有农业人口，这一区域的社会结构异质性强，城乡关系颇为复杂；景观构成上，郊野既有城市型的景观，又有乡村田园景观；产业构成上，郊野既有现代化的工业、第三产业等颇具城市特色的产业，又有现代都市农业，是第一、二、三产业的共同发展地带。城市与乡村的物质与文化精神等要素共同在此空间发生作用，郊野城乡关系不是传统的城乡二元结构下的对立关系，而是郊野体系下的城乡二元融合关系，这是郊野区别于城区和纯农业区最鲜明的特性。

二、郊野的功能

郊野是乡村与城市的交会处，目前其主要功能体现在为城市中心区提供服务功能上。郊野随着城市中心区整体功能的进步而变化，国内外经验表明，在现代工业化或后工业化过程中，郊野功能主要表现为城市蔬菜水果、肉禽蛋奶等农副产品的供应基地，但随着后工业社会的到来，郊野的休闲旅游度假功能越来越凸显。

早期的城市，郊野向城区提供食品、税赋和工业原料，城区向郊野提供保护、工业制品和其他服务。在工业革命后的近代和现代，城市的城区与郊野之间，已不存在严格的相互依赖关系，郊野的功能也发生了变化。由于城市的发展，特别是城市发展到较高阶段，原有的特大型城市发展成大都市区，大都市郊野的功能也随之丰富，主要有经济功能、资源功能、生态功能、景观功能、生产功能以及示范服务功能。郊野功能的多样性使其成为城市与乡村之间重要的过渡区域。

1. 经济功能。郊野是城市经济的有力补充，这有助于当地和周边地区的经济增长与增加就业机会。郊野广阔的用地空间，可以为城市提供工业园区、高新技术园区等用地需求大的产业，再加上郊野基础设施的跟进普及，郊野逐渐成为城市扩张方向上新的经济增长核心。同时郊野自下而上的乡村工业也不断涌现，郊野的产业发展成为区域经济增长的重要来源。再次郊野富饶的自然风光条件，在全社会不断追求休闲的生活方式的背景下，为城市带来了优质的旅游资源。

2. 资源功能。郊野是城市发展的后备空间，为第二产业、第三产业的发展提供空间，为居民提供住宅空间，为城市建设提供建设用地。除了土地资源，郊野还为城市的发展提供劳动力和部分原材料。郊野原有产业以农业和乡村工业为主，中华人民共和国成立后为了促进城市发展，适应工业布局和结构调整的需要，工业向郊野布局屡见不鲜。20世纪末，许多城市在面向21世纪的城市总体规划中，将郊野作为二、三产业的发展区域，如《1996—2010年北京市经济发展战略研究》提出，市区中心地带（以四环路内外为边缘）实行"优二兴三"，发展第三产业都市型工业；在郊野主要是与开发区相结合形成工业聚集区。这些工业区或科技开发区正在成为新的工业增长地带。

郊野为城市建设提供建设用地，不但为市民提供了居住条件，疏散市中心的人口和就业，而且为配合城市建设，郊野成为动迁安居工程的主要区域。同时郊野还安置占地面积大或有特殊要求而不宜布置在城区的工矿企业和其他设施，如铁路编组站、飞机场、污水处理厂、垃圾填埋场、化工厂等。此外，郊野为城市社会管理提供大量人力、物力、财力的支持。例如，近郊依靠比较强的乡村集体经济，解决部分农民转化居民，吸纳农业释放劳动力。

3. 生态功能。郊野是城市发展的环境蓄水池。对于维护生态系统的健康和提供各种生态系统服务至关重要。一方面，郊野的大农业起着调节市区气候、美化市容景观、维护生态平衡的作用。国外一些发达国家在新城建设中，把农地与城市交错结合起来，作为穿插在高速公路、工作区、生活区之间的绿色隔离带。另一方面，郊野为防护环境污染，吸纳城市垃圾，为城市绿化建设做出了重大贡献。此外，城市总体规划中的绿地大部分分布在郊野。

4. 景观功能。郊野是城市居民后花园，是现代化高度密集城市的"绿肺"，是城市居民周末休闲的首选去处。郊野特有的乡村田园风光以极相对低廉的旅游成本吸引了大量的城市居民居住和休闲。伴随城市化进程的深入和人们收入水平的提高，一部分比较富裕的市民有寻求回归自然的趋向。郊野公园、农业公园、观察型和体验型农业园区在全国各地如雨后春笋般兴起，郊野旅游逐渐成为一种新兴的休闲形式，这有力体现了郊野强大的景观旅游功能。

5. 生产功能。不同地区的郊野其生产功能表现形式差异较大，且受大都市区交通条件的影响也较大。例如在我国，大部分郊野是城区优质农副产品的生产地。郊野的都市农业，为城市供应优质鲜活副食品。以北京为例，20世纪80年代中期以前，近郊是供应城市的主要农产品生产基地，商品菜长期占郊野农产品的一半以上。随着农业资源的锐减和农业成本的上涨，近年来一些主要农产品的生产正在逐渐退出近郊，转向远郊。城市郊野的农副产品生产建立在全国区域体系下，与周边地区有所分工，重点生产不易长途运输和储存、新鲜、卫生的鲜活副食品，以满足城市供应为其首要任务。总而言之，郊野的生产功能因地而异，追求社会效益和经济效益的双重目标，且以发展优势农产品的生产为主，通过规模化、专业化、商品化的生产提高经济效益，这不仅支持了当地经济和社会发展，还有助于资源管理和环境保护。

6. 示范功能。利用靠近城市的信息和技术的便利，能够较快掌握最先进的生产和服务技术，为落后农业提供先行先试的示范作用。郊野是一个社会、经济较不均质的地区，而且，它也绝不仅是为劳动力和核心家庭提供住房的简单郊野住宅区，事实上它是20世纪或更早一些大生产、大消费和大商品的流通建立起来的社会生活方式。鲍恩将郊野看作为"城市边缘的新社会空间"，是一个渐变过程，昨天的新郊野变成今天的成熟型郊野，以至明天的老郊野或内城（Bourne，1996）。

在这类郊野居住的不仅仅是中产阶级，尽管这一地区并没有正规社区的存在，但也还有大量的相对低收入家庭居住在此。最早期有些是在自建住房动力的推动下形成的，有些是小城镇和低收入农村社区由于城市边缘的增长而被包括在其中。最近，郊野更由于家庭组成、收入水平、家庭状况、种族和少数民族文化的背景变得丰富多彩。专门生活方式社区、退休者集中居住社区、休闲度假区、流动住房公园、少数民族飞地都有出现。总而言之，郊野间的差异越来越大，郊野的功能越来越完善，郊野的自我发展越来越得以体现，其功能与老城市（城区）越来越相近。

第三节 郊野与农村的关系分析

郊野不仅有城市化水平较高的新城，还有较大面积的乡村地区，乡村地区与城市化地区并存是郊野地域系统的重要特征，因此郊野的"三农"发展是长期的发展问题。而世界许多国家都曾经历过城市发展迅速，农业落后凋敝的不和谐过程，在反思之后，痛定思痛，重振农业，实现城乡可持续发展。郊野的乡村地区的发展和进步是郊野发展的"木桶"之短板，乡村落后则郊野综合实力下降，乡村的发展和进步是郊野发展的基石。没有郊野乡村的和谐稳定健康发展，郊野良好的社会环境、自然环境、田园景观等都无以为继，郊野借以发展的环境优势、景观优势将丧失，郊野发展也就无从谈起。郊野乡村发展的根本是解决乡村农民的就业，要加快郊野工业发展，充分吸纳劳动力；加快农业现代化步伐，提高农业产业的竞争力，提高农民的收入和社会地位，提高郊野乡村综合发展能力，促进乡村生活方式的转变。

郊区是城市辖区范围内，受城区经济辐射、社会意识形态渗透和城市生态效应的影响，与城区经济发展、生活方式和生态系统密切联系的城市建成区以外一定范围内的区域。根据它的位置以及同中心城区的联系，可分为近郊和远郊两部分。近郊是建成区周围以城市生活方式、产业结构和建设景观为主的环状区域，是城市人口、住宅和工业扩散的直接承载区。远郊是近郊外围，受城市经济的影响，以农业为主，但产品的城市市场指向明显，表现为农村生态景观和建设景观的区域，是城市所需农副产品的生产基地。农村是对应于城市的称谓，指农业区，有集镇、村落，以农业产业（自然经济和第一产业）为主，包括各种农场（包括畜牧和水产养殖场）、林场（林业生产区）、园艺和蔬菜生产等。跟人口集中的城镇比较，农村地区人口呈散落居住。

第四节 郊野与城市关系的分析

郊野是城市化发展的特殊区域，"城市化"是郊野发展的初始动力。城市和乡村是对立与统一的关系，那么郊野的存在是城乡发展关系中的妥协。从郊野发展系统来看，其每一次跨越都和"城市化"发展水平密切相关，可以说没有城市化就没有城乡要素的剧烈运动，更加没有城乡关系的发展与变革，郊野难以摆脱充当"过渡地带"的境况，难以实现自我发展。因此，"城市化"是郊野发展的动力之源。

随着城市化实践的发展，城市化概念的外延也得以扩大，其内容也随之丰富。经济学的城市化强调由农业经济向城市经济的转化过程和机制。从产业结构变化的角度看，就是第一、第二产业不断发展的过程；从劳动力的构成看，就是第二、第三产业中劳动力人数与第一产业相比不断增加的过程；从消费方式的角度来看，就是由乡村消费方式不断向城市消费方式进化的过程。

郊野城市化是郊野发展的动力之源。郊野城市化分为城市蔓延发展的城市郊野化和郊野自下而上发展的乡村发展式的城镇化两个方面。要促进郊野发展，就要充分发挥郊野城镇在人口集中、产业集聚、土地集约利用的重要作用，突出重点，有序推进，集中力量建设新城、新镇等城市化水平高的积聚区域，形成城市功能完善、产业结构合理、人口规模适度的郊野。从而充分发挥郊野的集聚和规模效应，以中心城镇为依托，构建郊野城镇、产业、环境的全面发展。郊野城市化的发展，需要在改善郊野基础设施建设水平、提高郊野产业竞争力、提高郊野人口的集聚力的同时，适时、适度地引导规划郊野城市化发展，才能提高郊野的现代化水平，缩小城郊差距，提高郊野的吸引力，促进郊野的全面发展和进步。

就其本质而言，郊野是与城市相对应的空间概念，而郊野与城市共同组成了区域这一大的空间单元。郊野、城市与区域之间存在着局部与整体的辩证关系。因此，郊野与城市两者之间相互关联，在认识和分析郊野发展现象时，是无法将其从区域、城市发展的背景中剥离出来的。绝不能孤立地谈城市和郊野，而应在郊野化的背景下来探讨城市和郊野。尝试从城市郊野化发展的角度来探讨郊野发展的可能途径。

目前，我国郊野化的进程也在迅速推进，由于地价优势比较明显、郊野房屋价格相对不高，并且居住环境较好，所以吸引了一批人到远离中心城区的郊野范围来购房置业。伴随着交通工具的升级换代，城市向外围区域的发展和扩张越来越便利，为人口向郊野迁移提供了有利条件。科技的进步也同样加快了郊野化，如家庭办公的出现，人们可以选择较长距离的、远离城中心的、低密度的、具有较好舒适性的居住地。此外，越来越多的老年退休者有着稳定可靠的经济来源，逐渐摆脱了生产经营活动对其居住地的限制，他们更倾向于迁向生活环境轻松的郊野。

第五节　郊野与城镇化关系分析

一、城镇化的理念

新型城镇化核心是人的城市化，指农村人口不断向城镇转移，第二、第三产业不断向城镇聚集，从而使城镇数量增加，城镇规模扩大的一种历史过程，它主要表现为随着一个国家或地区社会生产力的发展、科学技术的进步以及产业结构的调整，其农村人口居住地点向城镇的迁移和农村劳动力从事职业向城镇第二、第三产业的转移。城镇化的过程也是各个国家在实现工业化、现代化过程中所经历社会变迁的一种反映。

城镇化一词出现很显然要晚于城市化，这是中国学者创造的一个新词汇，很多学者主张使用城镇化一词。1991年，辜胜阻在《非农化与城镇化研究》中使用并拓展了城镇化的概念，在后来的研究中，他力推中国的城镇化概念，并获得一批颇有见解、影响较广的研究成果。与城市化的概念一样，城镇化概念也是一片百家争鸣的景象，至今尚无统一的概念。不过就数量看，对城镇化概念的论述要少于城市化。据粗略估计，近5年来，关于城镇化的概念，至少有20种。具有代表性并符合中国西部地区实际的观点是城镇化是由农业人口占比很大的传统农业社会向非农业人口占多数的现代文明社会转变的历史过程，是衡量现代化过程的重要标志。

从国际的普遍经验来看，城镇化是与人的发展水平密切联系的。世界171个国家（地区）的人类发展指数与城镇化率之间直接展现出正向关系。城镇化是现代经济增长的重要推动力。人口在城市中聚集会产生显著的规模经济效应，使私人和公共投资的平均成本和边际成本得以大幅度降低，产生更大的市场和更高的利润。随着人口和经济活动向城市的集中，市场需求将会迅速增长和多元化，这会促进专业化分工，从而进一步提高经济的效率（世界银行，2009）。城镇化有助于普及基本公共服务，提高公共服务的质量，从而促进人民教育水平和健康水平的提高。人口在城市的集中，大大降低了公共基础设施和教育、医疗卫生等公共服务供给的平均成本。与农村相比，城市在公共服务质量上的优势也是明显的，这种优势不仅是因为城市具有良好的经济基础，还因为城市集中了优秀的相关人力资源。城镇化有助于促进政府治理的改善。当农民离开农村聚集在城市之后，会从多方面影响政府治理。城镇化使政府与民众的距离空前地拉近了，政府及其官员的一举一动变得更容易观察和监督。人口的集聚推动了社会生活中的组织化和分工，民意表达变得更加专业化和专职化，公众意见的传播成本大大降低，更易于采取集体行动。在发展中国家，虽然农村人口众多，但是由于人口聚集程度低、居住分散，采取集体行动的交易成本比较高。因此，在争取政策影响力的过程中，农民这个数量更大的群体反而缺乏与城市居民对等的影响力。从长期看，城镇化还有助于促进公平的发展，逐步缩小城乡和地区发展差距。早在1776年，亚当·斯密就在《国富论》中就都市商业对农村改良的贡献作过精辟的阐述。他认为，工商业都市的增加与富裕，为农村的产品提供巨大而便利的市场，促进农村土地的开发，并使农村突破传统关系的制约，变得更有秩序，有好的政府和有个人的安全和自由。韩国在其快速城市化的1975—2005年期间，农业人口减少了76%。但是，由于土地归国家所有，土地兼并所造成的大量失地农民，只好向城市迁移。在进入城市后没有得到良好就业和公共服务的情况下，只好集中居住在简陋的棚户区。另外，城市的土地和住房管理的混乱也助长了贫民窟的出现。从过去200多年国际城镇化的发展进程来看，城镇化为人的全面发展提供了巨大的潜在机会，包括促进经济发展和提高人民生活水平，推动公共服务的普及以及提高公共服务质量，推动社会治理的完善，缩小城乡和地区发展的差距等。但是这种潜在机会能否转化为现实，在很大程度上取决于政府公共政策的导向，以及一个国家的土地政策、经济发展方式，以及就业、住房、社会保障等公共服务的供给及公平分配等。

世界城市发展经验显示，在城市化发展过程中必须处理好核心城市区、城市郊区和城市周边农业区的关系，要重视城乡一体化发展。日本东京就提供了一些借鉴。在城乡建设过程中，东京不仅促进城市的发展，也注重乡村的重新振兴及其机能发展，重视发展乡村的生态机能、环保机能、绿地机能的同时，还在农业文化传统的延续、乡村生活的复兴上进行了诸多探索。合理规划城市圈内的功能分区和产业布局，打破行政界限和城乡二元生产要素配置格局，基础设施和公共服务向郊区延伸，通过区域工业、农业、交通、教育等方面的共同发展，提高城市圈工业化、城市化和农业现代化水平，推动城乡统筹发展和城乡一体化建设，实现城乡发展一体化。根据世界范围内如英国伦敦、法国巴黎、美国纽约、日本东京等卫星城的规划和建设实践，卫星城的发展演变往往经历以居住为主要功能的"卧城"，产业郊区化、具有半独立性的"辅城"，郊区城市化、不再依赖母城的"新城"，和以区域城市化为特点具有辐射力的"带城"4个阶段。

二、我国城镇化现状

城镇化是一个历史范畴，同时，它也是一个发展中的概念。中国共产党第十五届中央委员会第五次全体会议通过的《中共中央关于制定国民经济和社会发展第十个五年计划的建议》正式采用了"城镇化"一词。这是近50年来中国首次在最高官方文件中使用"城镇化"。城镇化的核心是人口就业结构、经济产业结构的转化过程和城乡空间社区结构的变迁过程。城镇化的本质特征主要体现在3个方面：一是农村人口在空间上的转换；二是非农产业向城镇聚集；三是农业劳动力向非农业劳动力转移。从农村城镇化的角度而言，城镇化具有4个方面的特征：一是时间特征，表现为过程和阶段的统一，以渐进为主；二是空间特征，表现为城镇结合，以镇为主；三是就业特征，表现为亦工亦农，非农为主；四是生活方式特征，表现为亦"土"亦"洋"，以"洋"为主，亦新亦旧，以新为主。从世界城镇化发展类型看可分为发达型城镇化与发展型城镇化，其特点是不一样的，包括重庆在内的中国西部均属发展型城镇化。发展型城镇化有5个特点：一是城镇化原始积累主要来自农业；二是城镇化偏重发展第二产业，而非发展第三产业；三是城镇化具有明显的二元结构；四是城镇化的动力机制主要是推力而非拉力；五是城镇化中城市贫民占有很大比例。

我国正处于城镇化第二阶段。城镇化率在50%以上。北京已经出现第三阶段苗头，即从城区迁入郊区的情况。随着公共交通的发展，未来10年将会有越来越多的人选择住在郊区远离城区，如同伦敦的富人区都在六区外一样。未来城市市区是留给本国外来打工人员和外国人员的聚所。据发达国家的城市化发展的经验，中国城市化仍处于加速发展阶段，城市化的进程还会在未来的10~20年中继续进行；但农民进入城市为主导的阶段即将结束，未来人口流动将依次进入以三线城市、四线城市进入一线城市为主导的阶段、以大城市郊区化为主导阶段和以都市圈为主导阶段。北京、上海、广州这类超大城市目前处于城市化—城市郊区化—逆城市化—城市化这种发展模式中。这个模式不是中国特有的，例如美国，用40年时间来实践了这一发展模式。

当前，我国已进入中等收入国家行列，城镇化进入新的发展阶段，同时面临一些独特问题和前所未有的挑战。

1. 土地利用效率低

土地流转开发等制度不健全，容易带来用地扩张冲动与效益低下问题。一是建设用地利用粗放。上海市是我国城市建设用地产出效率较高的城市，但也仅相当于美国纽约的1/29、中国香港的1/14。二是土地城镇化明显快于人口城镇化。近10年全国城镇建成区面积扩大了64.45%，而城镇居住人口仅增长了45.9%。三是城市开发强度过大。上海、北京、深圳已分别达到50%、48%、50%，而伦敦、东京分别只有23.7%和29.4%。

2. 产业政策约束多

产业准入不平等造成的"玻璃门""弹簧门"和"天花板"等现象广受诟病。一些产业准入门槛过高，直接影响了产业发育发展，影响了市场公平竞争、产业创新与效率提升，难以有效支撑城镇化持续发展。农业对资本、技术、人才等要素的吸纳能力不足，劳动生产率过低。

3. 投融资体系不健全

我国城镇化融资渠道比较单一，地方投融资问题还未纳入国家统一规划和制度安排，规范、稳定的投融资机制尚处于探索阶段。金融体系不健全，政策性金融与商业性金融界限不清，金融工具和模式单一；直接融资渠道有限，信贷支持政策、银行监管政策等与城镇化建设的资金需求、建设周期、投资风险控制等难以匹配。一些地方政府过度利用融资平台进行城镇建设融资，形成了较大规模债务。

4. 公共服务体系建设亟待加强

近几年我国公共财政体系建设取得历史性成就，公共产品和服务供给实现了跨越式增长，但由于历史欠账过多，基本公共服务的规模和质量仍难以适应城镇化的需求。尤其是长期将公共服务、社会福利供给与户籍挂钩，导致基本公共服务城乡分割，造成进城农民难以融入城镇社会。

5. "城市病"过早出现

长期存在的"重面子轻里子""重地上轻地下""重硬件轻软件""重短期轻长期"等问题，造成城市功能不完善、不协调。一些大城市、超大城市过早出现交通拥堵、能源与水资源紧缺、环境污染、生态空间不足等现象。

三、我国城镇化的主要模式

中国的城镇化的模式应该如何确定？借鉴世界各国的有益经验，总结我国的经验教训，坚持大中小城市和小城镇协调发展的方向，最终形成合理的城镇化空间格局和多元化城镇体系应是我国的理性选择。

1. 以现有大城市为基础带动城市群建设

世界强国在其迅速崛起过程中有一个共同的特点，那就是大城市发展较快。以人口、经济、科学文化高度集中为特征的大城市，对带动区域经济发展和参与国际经济竞争有着举足轻重的作用。在近200年的发展过程中，西方国家已构筑起高效率的城市经济框架，有些城市如美国的纽约和旧金山、英国的伦敦、法国的巴黎、德国的法兰克福、日本的东京等及其一大批各具特色的大中小城市群都还是比较成功的。它们已分别成为能够满足社会各阶层需要的功能布局合理、创建世界物质和精神文明的前沿阵地，有些城市已成为世界金融保险服务中心、贸易中心、制造加工中心、科技文化中心等。我国城镇化的关键是以现有特大城市和大城市为基础和龙头，发挥其强大的辐射功能，带动周边次中心城市、卫星城镇的快速发展，形成若干用地少、就业多、要素集聚能力强、交通运输成本低、专业分工相对明确、人口分布合理的城市群格局。要把城市群作为推进城镇化的主体形态，逐步形成以沿海及京广京哈线为纵轴，长江及陇海线为横轴，若干城市群为主体，其他城市和小城镇点状分布，永久耕地和生态功能区相间隔，高效、协调、可持续的城镇化空间格局。已形成城市群发展格局的京津冀、长三角和珠三角等区域，要继续发挥带动和辐射作用，加强城市群内各城市的分工协作和优势互补，增强城市群的整体竞争力。

2. 积极鼓励中等城市的发展

中等城市主要是指20万~50万人之间的地区性中心城市。在一些地区，这种城市积聚了相当的经济能量，人气、市气、辐射力（即"二气一力"）都已开始显现，但由于它们尚处于由小到大的转换阶段，上述"两气一力"积聚得比较缓慢，城市扩容能力低，吸纳能力不强。因此，帮助中等城市加速扩容，对国民经济结构调整和推动城镇化具有重要战略意义。要采取多种措施和办法，优先加速中等城市的扩容，为特大城市设置保护带，以减轻特大城市的压力，并培育其逐步成长为大城市。

3. 稳妥发展小城市和小城镇

在离大城市较近的周边地区，小城市和小城镇应确立依托大城市加快自身发展的战略。要注意对大城市辐射的承接，避免在专业分工上与大城市的雷同，走特色发展之路，与大城市形成优势互补的良性互动关系，最终融入大都市圈。

在宏观层面上,要通过东部地区对中西部地区的对口支援、国家的财政和政策扶持等手段,帮助偏远落后地区人口分散、资源条件较差的小城市和小城镇的发展,增强其综合功能,使其成为本地区集聚经济、人口和提供公共服务的中心。

针对小城镇建设中缺乏科学规划、遍地开花、过于粗放、功能不强的问题,实践中一定要坚持注重实效、择优发展的原则。应把县域中基础条件好、发展潜力大的中心镇作为发展重点,并通过相邻建制镇的组团发展,增强其集聚辐射功能。建设景区旅游、绿色农业旅游、专业加工、农业产业化、物资集散等专业化和特色化小城镇是今后一个时期内小城镇发展的主要方向。

四、新型城镇化重点内容

根据城镇化的规律,针对我国城镇化中存在的问题,加快推进新型城镇化,应正确处理政府与市场、速度与质量的关系,抓住以下几个重要方面。

1. 加强顶层设计和全国统筹规划

综合考虑区域资源禀赋、产业布局、生态环境、交通运输等因素,统筹规划、分层次设计城市群、大中小城市及中心乡镇的发展规划。在不突破环境、资源等方面硬约束的前提下,尽可能发挥市场机制的作用。

2. 推进两项重大制度改革

应加快土地制度和户籍制度改革。土地制度改革应打破目前单一的城市建设用地征用模式,深入研究推进征地制度改革,探索集体建设用地入市的方式和途径,实现同地同权同价;完善各类用地标准,提高土地利用效率;注重发挥市场机制作用,使农民可以公平转让土地承包经营权和宅基地使用权,提高农民进城能力。户籍制度改革应建立以身份证管理为核心的人口流动制度,实现人口自由迁徙居住和安居乐业。当前,应逐步使公共服务和社会福利与户籍分离,推行居住证制度,分步放开落户条件。

3. 健全三次产业政策

首先,加大财政强农惠农富农政策力度,支持构建现代农业产业体系和企业化经营模式。通过土地制度改革,规范农地流转,创新农业经营体系和模式,推进农业产业化、规模化。其次,全面放开产业发展,实行负面清单制,加快推进行政性垄断领域改革。同时,大力促进工业园区化、集群化和城镇绿色发展。最后,结合税收制度调整,加快第三产业尤其是现代服务业发展,大力发展养老服务等新型业态,为城镇化提供产业与就业支撑。

4. 构建四项主要投融资机制

统筹规划财政资金、信贷资金、金融机构系统化建设和国有资产变现等渠道,使之有机结合,构建稳定的城镇化融资机制。注重发挥财政资金的引导作用,在投入对象、环节和运作机制等方面推进政策创新;鼓励信贷资金支持城镇化建设,根据城镇化的特殊需求设计信贷政策与监管措施,重点支持工业集群、各类园区及中小企业发展;有序发展村镇银行等新型农村金融机构,盘活农村资源;研究以一定比例国有资产融资推进城镇化建设。

5. 完善五项公共政策

加快完善以人为本的劳动就业、教育、医疗卫生、社会保障和保障性住房5项公共政策。推动城乡劳动者同工同酬，构建城乡统一的劳动力市场。实现教育政策的城乡统一，促进教育机会均等。加快推进医疗卫生政策及医疗保障政策的城乡统一。推进基本养老等社会保障政策城乡统筹，尽快提高社保基金的统筹层次，改进转移接续制度。将农民工纳入城市住房保障体系，建立以公租房为主体、以货币化补贴为主要形式的保障性住房制度，积极探索建立包括住房合作社在内的多渠道、多形式城镇商品住房供给模式，改变居民只能从开发商手中买房的住房单一供给模式。

第六节　现代城乡发展模式中的郊野构建

一、郊野持续发展的区位条件

1. 丰富的旅游资源

郊野存在各种旅游吸引物。首先，郊野空间宽阔，空气清新，有江河湖泊、绿草森林、鲜花烂漫等市区缺乏而市民向往的自然环境；其次，郊野的田园风光、农家生活也是让城市居民舒心驰神的景物；再次，郊野同样也是众多风景胜地、庙宇古刹、名人陵墓等景观的集聚地；最后，一年四季郊野景色各具特点，春天可踏青，夏天可避暑，秋天可采摘，冬天可滑雪，不同时令有着不同的旅游内容，对旅游者具有持续的吸引力。所以，依托郊野发展旅游度假村，有着得天独厚的资源条件。

2. 便捷的交通、通信条件

过去郊野交通和通信条件的不便限制了其发展，如今随着社会经济的发展，郊野交通条件也得到了极大提高，城郊间具有良好的可通达性。同时，随着移动电话的普及，移动信号覆盖面越来越广，旅游者即使在郊野也可以保持全方位的通信畅通，不必担心因旅游、休闲度假而耽误业务联系。良好的交通与通信条件，为郊野的发展提供了坚实的物质基础。

3. 充足和稳定的客源市场

郊野度假屋拥有较充足的客源，主要是短途的城市市民。城市人口的文化层次较高、可自由支配收入相对较多，城市严重的环境污染和快节奏的生活激发了市民的休闲度假需求，这种需求比较稳定。新假日制度调整带来的5个小长假，也给郊野度假屋带来了充足的客源。

4. 适当的城郊距离

郊野的位置既能使市区居民摆脱城市背景而有一定的回归自然之感，离家距离不远也能使人有很强的安全感，同时郊野也是市区居民有限可支配时间、资金与时常的休闲出游欲望契合的最佳点。

5. 较低的开发成本

郊野没有城市中心区高昂的地租，开发旅游房地产的成本较低。除建设成本外，郊野度假屋管理的人力资源成本也相对低廉。此外，郊野旅游的开发，特别是与农业观光和乡村景观相结合的旅游开发模式，有利于获得国家政策支持。

二、郊野的乡村休闲生活综合功能

1. 乡村休闲的功能

近年来,随着城市工作与生活压力的加大,人们迫切需要远离城市喧嚣,寻找宁静和放松的乡村环境,对绿色生态美丽乡村生活的追求成为市民的一大时尚,这也将是一种未来人们生活的潮流所向,轻松、舒缓、生态、美丽的郊野风光及乡土民俗风情能给人们带来愉悦感、享受感及怀旧感。乡村郊野已受到人们的"逆反"式的追捧,许多城市人又渴望回到乡村生活。

乡村休闲生活有"四洗三慢"功能——"新鲜空气洗肺、山溪清泉洗血、有机食物洗胃、乡土文化洗心,以及慢食、慢城、慢生活"之功能,是当前生活需求的真实指向标,虽然没有精准的数字的指标,但其给现代人描绘了一种真实的,也是理想的生活风格、生活方式,或者说是现实人们生活的最真实的需求。

人们生活最基本的新陈代谢是呼吸新鲜空气,这是维持基本生命的必需条件;再就是汲取营养养分,即要喝上干净的水,吃上安全的食品;进而就是养育良好的身心状况,以应对生活的压力、生产能力的形成及个人的持续发展。这样就需要一个正常的基本环境,即现在提倡的生态文明、美丽乡村。乡村休闲旅游区域可提供优美的自然环境、新鲜的空气、宁静的空间,纯天然、绿色、生态的农产品和食品,可以为游客提供观光、休闲、体验、娱乐、度假等各种活动的场所和服务,有利于城镇居民和游客放松身心,缓解紧张工作和学习压力,陶冶情操有利于人们调节身心及养生保健。

乡村休闲的发展还创造了新的产业——休闲与健康产业,丰富"三农"产业结构,也产生了新的就业岗位,培养新的人才。这为乡村地区的经济发展带来了重要的机遇和价值,促进城乡经济的协调发展。

2. 乡村休闲与健康的关系

随着时代发展,人们生活水平的提高,越来越多的人关注生活的质量,愿意拿出更多的时间和精力享受生活,人类已逐渐走过信息时代的高峰期而进入"休闲时代",休闲将成为未来人类社会的重要组成部分,乡村凭借着"二老"——"老祖宗、老天爷"遗留的天然原生态资源,为居民提供一种新的体验式的生活。乡村新鲜的空气、清澈的泉水、绿色食品、淳朴的民俗风情是人们休闲放松的最好选择,是实现人们身心健康的重要途径。

(1) 良好的开敞空间,给人轻松舒畅感。我国乡村一般地处偏僻的地区,距城市中心较远,不存在高楼大厦林立的状况,土地用途主要是耕地而非建筑用地,因此,乡村具有宽敞的空间,一望无际的庄稼和植被,身处其中会让人心旷神怡,感觉轻松舒畅。现代人高度紧张的生活方式,产生了各种疾病,无不与心情压抑有关,甚至出现了直接的自杀行为。许多专家学者认为,心态决定健康,心态无不与环境有关。开敞的舒适空间、良好的自然环境,是长寿的基本秘诀,这是目前发现的长寿村的基本特征。

(2) 清新空气,"洗肺"醒脑清神康体。乡村地区主要发展农业,工业发展相对落后,因此偏远地区几乎没有环境污染,空气清新,是人们"洗肺"清神醒脑的首选之地,清新空气"洗肺"是人类有机生命的一种强化,无论是对青少年儿童身体的健康成长,处于压力中的中青年的放松、解压,还是对老年人的延缓衰老都有着重要的作用。

如深山老林中的被誉为"空气维生素"的负氧离子,其作用非常大。它主要是通过人的神经系统及血液循环能对人的机体生理活动产生影响。负氧离子能使人的大脑皮层抑制过程加强和调整大脑皮层的功能,因此能起到镇静、催眠及降血压作用;负氧离子进入人体呼吸道后,使支气管平滑肌松弛,解除其痉挛;负氧离子进入人体血液,可使红细胞沉降率变慢,凝血时间延长,还能使红细胞和血钙含量增加,白细胞、血钙和血糖下降,疲劳肌肉中乳酸的含量也随之减少。负氧离子能使人体的肾、肝、脑等组织的氧化过程加强,其中脑组织对负氧离子最为敏感。

再如城市空气中的单位细菌含量是森林空气中的数百倍甚至数十万倍。原生态的空气对某些呼吸道的慢性病还有康复功能。

(3) 安全美食,卫生营养。乡村美食,特别是特色的美食,对人们有无穷的吸引力。一是味道正宗,鲜美无比;二是营养安全,还兼具药补功能。乡村美食最大的特点就是安全、生态、无污染,在乡村人们所吃到的食材都是村民亲自种植、养殖,安全、卫生且营养丰富,因此越来越受到城市居民的喜爱及热捧。尤其是当下,能吃到安心放心的美食是一件非常开心有益的事,也是事关国民生活质量的重要问题,已受到社会各个群体的关注。

(4) 优质饮水,"洗血"治病。有不少乡村水源是当地山里的泉水,水质优良,甘甜可口,具有丰富微量元素、矿物质,也有不少已开发为矿泉水。据有关医药资料说明,泉水的功能包括益五脏、清肺胃、生津止渴、养阴利尿;可减轻反胃、消渴、热痢、小便赤涩、脾胃火邪、口燥口苦等症状。

因此,乡村水资源越加宝贵,值得城镇居民去休闲享用。如北京有几个地方都有山泉出露,当地居民或近区县居民顺路或在休闲过程中都带上盛水容器去排队打水。

(5) 自然美景,赏心悦目,心情超然。美丽、生态、和谐的自然美景是乡村的代名词,对身处喧哗热闹的城市居民和处于工作压力的职业白领来说,休闲就是摆脱烦琐的工作任务,离开复杂的生存环境,走进乡村让身心得到彻底的放松,看美景,品美食,通过美景、美食使人们赏心悦目,心情超然。俗话说触景生情,美景能让人产生积极且良好的感知,感知升华为快意。这也是古代文人骚客处处留情吟诗之所在。当今发达文明的现代人何尝不比古人呢?

(6) 环境良好的新空间,强化情感。随着乡村休闲旅游业的发展,越来越多的环境良好的新空间被人们所熟知、所期待,尤其是一些有着悠久历史文化的古村落,环境优美,历史感强,让人们越来越向往,是人们抒发情感、放松心情的最好去处。带上一家人或情侣、或好友一同前往,既开心愉快,又能产生共鸣,强化荣誉感、亲情感。

近年来,人们对健康的重视程度逐渐上升。例如,国庆节假期间,全国乡村休闲游异常火热,乡村休闲就是人类追求健康的有效途径,将迎来更好的新的发展机遇。乡村休闲与人们的健康发展息息相关,这也必将达成共识。

满意的乡村休闲体验能够促进人们的健康,也同时能满足人们基本的生理需要、教育需要和社会需要。乡村休闲生活中的慢食、慢城、慢生活,能实现人类与大自然之间的和谐统一,也将创新一种新生活方式——新乡村休闲生活。

三、郊野发展的社会功能

1. 提高了社会资源的利用率

郊野资源丰富，有许多物质与非物质的遗产资源，还有许多现状资源，特别是有着城市稀缺的宝贵水土资源、气候资源等。有不少资源被低效利用或还没有被利用。随着社会经济的发展及人们的新的需求，充分开发及利用郊野资源，已成为时代要求。建设好郊野，让有条件的城镇人去生活居住，利用好郊野的各种资源，让郊野资源成为活化资源，从而由资源带动发展，产生现实的社会效益。

2. 满足了多层次的人居需求

郊野资源或为新鲜清洁的自然资源，或为物质或非物质的遗产资源。生活在现代城市中的人们饱受空气污染、交通拥挤、基础设施匮乏之苦，被迫"离地式"地生活工作，紧张而盲目地为生活打拼，心身健康受到严重威胁，许多有识之士开始寻找自然的人性化空间，寻求一种轻松舒缓的生活方式，郊野地域正是这种理想的选择之地。发达国家的郊野式生活已经给出了现实的实证。郊野式生活能满足各层次的人居选择，有年轻白领、中年成功人士、有颐养天年的老年人等社会各领域的人士，都有着强烈的郊野生活欲望。

3. 推动社会经济的发展

郊野建设及郊野社区的形成，首先，把原来没有被利用的自然资源利用起来了，产生直接的经济效益；其次，形成了各种新的产业链条，有生活服务领域的，有教育领域的，有医疗领域的，有休闲领域的，还有艺术领域的及新农业领域等的产业组团；再次，分散了城市承受的压力，为城市病提供了一种好的解困办法，还提供了一种优质的生活方式；最后，产生了综合的社会经济效益，从生态效益、社会效益、经济效益、人文效益及健康效益来说是一种全优的发展效果。总之，在新形势下，能为我国开发并形成新的可持续发展的蓝海领域。

四、郊野的景象预设

郊野的建设需运用现代化技术及信息化的手段，汲取传统乡村建设的精髓，走创新的复合建设之路，具体景象如下。

1. 就地城镇化建设

所谓"就地城镇化"，就是农村人口不向大中城市迁移，而是以中小城镇为依托，在农村地区建设具有城镇特色的聚居点，同时，通过发展生产和增加收入，促进农村地区的经济发展，发展社会事业，提高自身素质，改变生活方式，过上和城市人一样的生活。城市化是一个多维度的社会进程，不仅仅是人口的迁移，而农民进城仅仅是城市化的一种表象，它的实质则是农民职业非农化、生活方式城市化和思想观念现代化。如"中国第一村"——华西村，无论其村民的生产方式、生活方式，还是思想观念如何，都不得不承认他们已经城镇化了，但是，人们习惯上仍把他们当作农民来看待。而拉美地区的一些国家，由于不重视农民利益，大量土地和农业资源被少数人垄断，造成大批农民破产流入城市，成为衣食无着的困难群体，虽然城市化率提高了，但市民的幸福指数可想而知。类似这样的城市化，对中国庞大的农村人口来说是不合适的。

根据这一定义，就地城镇化是为解决"三农"问题而提出，但广义化其定义，就地城镇化应该走开放式的思路，让饱受城市病的城市居民也可选择进入郊野的就地城镇化的新地盘。让更多人受益，做到"三农"与城乡一体化的统筹考虑，公平、公正地做好郊野的就地城镇化。在国土空间规划改革的背景下，新的城市规划应充分考虑郊野的就地城镇化规划，实行城乡统一规划，多规合一。

2. 环境的优越化及景观化

在进行郊野规划建设时，无论是作规划还是建设都必须优先考虑环境问题。在原来的背景下，做好环境景观规划，先做好环境建设与维护，做好水土保护工作，对有污染的地段应做好去污处理或防护，前期应做好高密度的绿化建设，创设山水田园大环境。规划建设区域内不设置工业项目，交通规划建设要人性化，使生活在其中的人们感受到方便又安全。使人的生活及工作环境同时处于美妙的景观之中，不用长途远足就能享受到美景。通过对环境的优越化及景观化，为城市创造出更加宜人的居住环境，提升居民的生活质量，同时也有助于提高城市的可持续性，减少对自然资源的过度消耗和环境污染。

3. 建筑的乡村化

建筑风格是城乡建设的最重要问题，目前广大农村地区建设风格已严重病变，新的"洋盒子"包围着老的"空心村"，失去了传统中国的乡村风格。郊野建筑可分不同级别、不同层次进行，条件好的大中城市郊野应该尽量考虑生态化的传统风味更浓的砖石木结构建筑，尽量少建高层建筑，按南北东西不同地区，考虑吸收当地古朴的民居精华元素，少用钢筋水泥架构。以我国为例，福建一些地区的郊野建筑可考虑围楼元素；西南一些省份的地区多考虑干栏式建筑元素；中西部地区的郊野建筑可考虑徽派元素；北京及周边郊野的建筑多考虑四合院式结构；山西周边地区郊野建筑可借用晋派建筑。总体来说，就是建筑应融入乡村环境，尊重当地传统，同时引入现代化设计和可持续发展理念，创造出与城市不同但同样有价值的建筑环境。

4. 生活工作的休闲化

郊野的背景本系自然化的主题，规划建设也不应该再走城市化的老路，一切要以休闲生活为最终目标，包括工作场所也应休闲化。主要从建筑风格及内部装修上体现乡村化，生活居所开阔，非高楼，多低层，多与自然环境接触，居住空间要与山水相邻，路面少水泥硬化，环境景观多样化、生态化。生活区空旷疏朗，出门有自然景观，但又不失便利，教育设施配齐全，医疗机构社区化，交通出行方便，商业设施发达，文化机构及银行电信服务机构配套齐全。特别是社区垃圾处理系统要现代生态化。

工作环境非城市化，工作场所设置休闲化，吸引一些重室内工作的办公机构前来创业，同时也解决社区就业问题，提供一种现代化生态式的人文关怀的工作模式。

社区一切建设及服务要充满人性化、绿色生态化，倡导建设一种新世纪的生活及工作空间，实现乡村田园牧歌式生活及工作模式。

5. 农产品的无公害化及即产即销

郊野的生活应该是享受型的，其餐桌上的食品的供应安全无公害，最低要求系绿色化，能达到有机化更好。郊野地区要留足能支持在其中生活工作的及其紧邻城镇的部分人口的餐桌食品供应的可用于种养所需要的耕地，这些耕地最好是能确保未遭受污染，能种出无公害或有机农产品；同时，又能使农产品实现即产即销或地产地销，不至于发生季节性滞销，最好的办法是在郊野农业走休闲农业或乡村休闲之路，打造家园式的乡村休闲农业，或以家庭农场或以庄园或以国家农业公园的形式来解决农业问题。农产品的无公害化及即产即销有助于推动农业可持续发展，提高农产品的品质和市场竞争力。

6. 能源的绿色化

郊野地区要承载一定的人口居住，必定会消耗大量的能量，为确保环境不受能耗污染，应采用绿色清洁环保能源，如利用太阳能、风能（发电）、水力发电、地热、废物利用等。从建筑学角度考虑与自然地带气候相适应，向自然要能量，建筑本身要科学现代化。能源的绿色化是实现可持续发展的关键一步，有利于保护环境，为未来的能源供应和生态平衡创造更好的条件。

第五章 现代城乡发展模式中的城市

第一节 城市的发展史分析

城市化是由农业为主的传统乡村社会向以工业和服务业为主的现代城市社会逐渐转变的历史过程,也是社会生产力的发展所引起的社会生产方式、生活环境、居住条件乃至整个社会的经济变革的过程。中国的基本国情、经济发展方式、优良的传统文化以及各阶段相应的制度安排决定了中国的城市化进程富有鲜明的特色。纵观中国城市化的发展史,中国发展到各阶段所对应的制度、工业和商业,是城市产生和发展史上的 3 大主要因素,也是城市发展的强大驱动力,构筑了城市发展的台阶,并且取得了举世瞩目的辉煌成就。

一、城市化包含的几种含义

对于城市化,一般简单的释义为农业人口及土地向非农业的城市转化的现象及过程。包括人口职业的转变、产业结构的转变、土地及地域空间的变化。

从社会科学角度,城市化是城市生活方式的发展过程。它意味着人们不断被吸收到城市中,并被纳入城市的生活组织中去,而且还意味着随着城市发展而出现的城市生活方式的不断强化。

从人口学角度,城市化就是人口向城市集中的过程。这种过程可能有两种方式:一是人口集中场所(即城市地区)数量的增加,二是每个城市地区人口规模的不断增加。

从经济学角度,城市生活方式是一种以非农业生产为基础的生活方式,人口向城市集中是为了满足第二产业和第三产业对劳动力的需求而出现的。因此,城市是由于经济专业化的发展和技术的进步,人们离开农业经济活动向非农业活动转移并产生空间集聚的过程。

从地理学角度,第二、第三产业向城市的集中就是非农业部门的经济区位向城市的集中,人口向城市的集中也是劳动力和消费区位向城市的集中。这一过程包括在农业区甚至未开发区形成新的城市,以及已有城市向外围城市的扩展,也包括城市内部已有的经济区位向更集约的空间配置和更高效率的结构形态发展。

综上所述,城市化的实质含义是人类进入工业社会时代,社会经济发展中农业活动的占比逐渐下降和非农业活动的占比逐步上升的过程。与这种经济结构的变动相适应,出现了乡村人口的占比逐渐降低,城市人口的占比稳步上升,居民点的物质面貌和人们的生活方式逐步向城市型转化或强化的过程。

二、有关"先有城"和"先有市"的争议

"城市"是由两部分组成的,即"城"和"市",这两个词很形象地说明了城和市之

间的关系，城就是城墙，属于硬件部分，市就是市场，属于软件部分，是看不见的。因此，城市的概念有两层，"城"最初体现的行政办公和军事防御，而"市"则是集中贸易的场所。现代社会把"城"和"市"两个合起来并赋予新的概念，即以非农业产业和非农业人口集聚为主要的居民点，包括按国家行政建制设立的市、镇。在研究城市形成的过程中，学者们形成了两个对立的观点，"先有城后有市"和"先有市后有城"。

从历史的发展角度看，中国的城市最早是作为军事要地和政治统治中心发展起来的，周武王灭商以后分封诸侯，每分封一个国家，诸侯都要建都，都城当时是军事要塞，是政治中心、统治中心。所以，中国的城市发展和世界其他文明有些区别，是先城、后市这样出现的。究其原因并不复杂，只是一个军事防御的问题。城市，或者说城的最初出现，其实就是一个巨大的防御工事，随着原始社会末期人类的部落的发展壮大、生产力的提高，战争的频繁发生，城作为一个防御支撑保护自己的部落。随着城的发展，其作用已经不仅仅体现在军事上，逐渐成为人的生活中心，同时也延续了传统的军政中心的作用。随着原始社会、奴隶社会、封建社会的逐步发展，特别是商业的发展，城市中逐步出现了"市"，也就是商业区。

与中国情况不太一样，欧洲、中东两河流域文明、希腊文明发展起来的时候，都是先有市，后有城，城市是从贸易通道上的枢纽发展起来的，首先是作为商品的集散地，先有交易，有市场，商人出于保护自己财产的目的，于是就修建了城墙，所以是先有市后有城，先有市场后有城墙。

在工业革命之前，城市经历了古代城市的起源和中古城市的发展。在漫长的农业社会，由于没有人工的能源，城市发展非常缓慢，城市建设多是根据生产、生活和防御的需要。

三、古代城市的起源

城市是人类文明的重要标志，城市也是伴随人类的文明和进步发展而来的。早期的人类，居无定所，常常三五成群地渔猎而食，随着群体力量的强大，久而久之便在某个地方定居下来。定居下来的先民，为了抵御野兽的侵扰，在驻地周围扎上篱笆，也就形成了早期的村落。随着人口日渐繁盛，村落规模也不断扩大，逐渐出现了食物分配不均等情况，所以，群体之间相互交换自己没有的东西，于是，市形成了。与此同时，村落之间也常常为了猎物发生械斗。于是，各村落为了防备其他村落的侵袭，便在篱笆的基础上筑起城墙。在《吴越春秋》一书上有这样的记载："筑城以卫君，造郭以守民。"城以墙为界，分为内城和外城，内城叫城，外城称郭。内城里住着皇帝、高官，外城里住着平民百姓。这里的"君"，在早期是指猎物和收获很丰富的群体，而"民"则是收获贫乏、难以养活自己而依附在收获丰盈的群体周围的那部分群体。人类最早的城市其实具有"国"的意味，这应该是人类城市的形成及演变的大致过程。

伴随工业和商业的发展，城市崛起与城市文明逐渐传播。而当时的城市是用于军事防御和举行祭祀仪式的场所，只是一个地区的政治中心，不具有生产功能。并且城市的规模很小，只有简单的生产工具，人口稀少，相对封闭，只能自给自足。随着人类文明的进步，城市逐渐扩大，城市内部的活动日渐繁华。回顾中国的历史，不难发现最先发展起来的大都市，也都是当时重要的商业和贸易中心。因此，大多数学者认为，真正意义上的城市是工业与商业发展的产物。

城市是跟随社会生产力的发展而发展的，是人类文明进步的结晶。最早的城市是在生产力水平极低的条件下产生的，经历了一个相当长时期的萌芽、发育和成型的过程，这个过程可算作城市的起源阶段（图5-1）。然而，追溯城市产生的具体时间，历史上有3个学者所代表的3个不同的观点。杜瑜观点：原始社会向奴隶社会过渡时期。傅筑夫观点：夏代，他认为战国以前的所谓的城市不过是有围墙的农村。张鸿雁观点：可分为3个时期，即城堡阶段（原始社会至夏代），都邑阶段（商至西周），完全意义上的城市（春秋初年）。

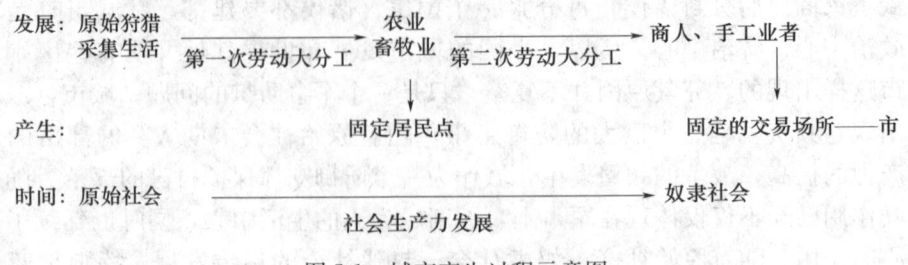

图 5-1　城市产生过程示意图

最初形成的"城市"（实际应为我们现在"城镇"）就是因商品交换集聚人群后而形成的。而城市的出现，也同商业的变革有着直接的渊源关系。最初城市中的工业集聚，也是为了使商品交换变得更为容易（可就地加工、就地销售）而形成的。在城市中直接加工销售相对于将已加工好的商品拿到城市中来交换而言，则正是一种随着工业城市的出现而产生的商业变革。城市规模、城市功能、城市布局和城市交通这几方面所发生的变化，都必然会对城市的商业活动带来影响，促使其发生相应的变革。同时，由于当时的生产力低下，生产资料单一，人口规模很小，所以，形成的城市也是内部结构极其简单的。如图5-2所示，即为位于西安的原始村落。

随着人类文明的进步，城市发展的脚步不断向前推进。图5-3为郑州商城遗址，是我国迄今为止发掘出来的最早的城市，位于郑州市中心及北关一带，距今约3500年。据考证，可能是商王仲丁的隞都。整个城市平面接近长方形，南北约2000m，东西约1700m。在城的西、北、南三面城墙外还发现了许多大规模的手工业工厂，说明这是一个经济十分发达的作为全国政治中心的都城。

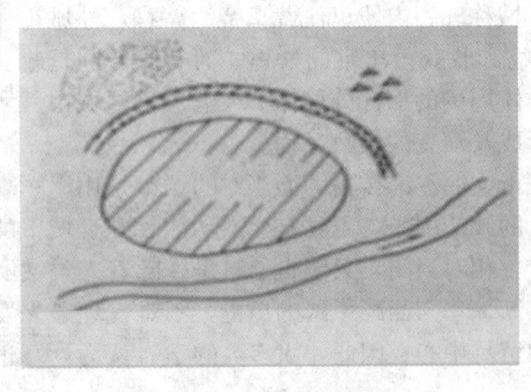

图 5-2　西安半坡原始村落示意图

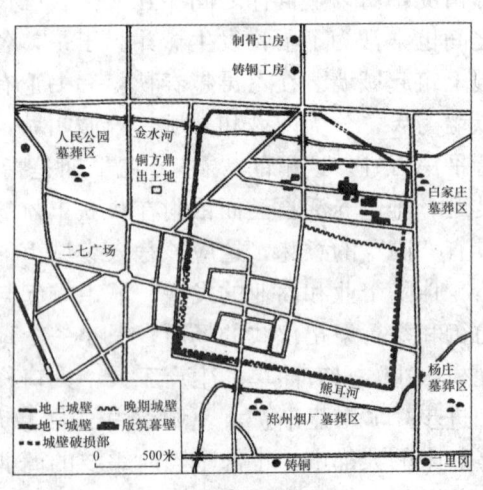

图 5-3　郑州商城遗址

四、城市发展萌芽阶段

中古城市的发展，是以世界封建制度的产生与发展，及其内部自然经济向商品经济的逐步转化为背景的。中古封建制度首先产生于中国，从战国时代到清朝鸦片战争，延续了2000多年的岁月。虽然我国封建制度也经历了统一和分裂的过程，但总体来说中央集权制度占统治地位，这就决定了作为中央和地方中心的城市必然十分发达。如图5-4所示的战国时代齐国的临淄城，是我国早期封建城市的代表。从图中看，城市布局很不规整，大小两城相切，大城周长约12km，小城的面积约为1.8×2.3（km²）；王城居西南角，宫殿并不处于显眼的地位；城中作坊面积甚大，几乎占中心部分，且深入王城，道路弯曲，商业发达，据文献记载，有绸布、皮货、珍玩、盐号、药铺、酒家、旅馆等。由于当时尚处于奴隶制向封建制度的过渡时期，所以无论从经济基础还是上层建筑来看，封建城市的特征并不明显。如图5-5所示为唐代长安城，是我国盛期封建城市的代表。此时，封建的经济基础和上层建筑较为完善；宫城为皇家居住之处，皇城为中央机构的各部所在，外城为一般居民区；全城的商业区仅东、西两市，多为高级商品和奢侈品，与一般市民日常生活无多大联系。如图5-6所示为北宋汴梁城，是我国封建后期城市的代表。此时的城市商品经济迅速发展，地处大运河与黄河交接点，工商业和交通发达，地区人口猛增，城市生活消费高涨；坊里制解体，街巷制产生，商业街道很快形成"全城皆市"的局面，形成了繁华的闹市区和市场。如图5-7所示，为明清时期的北京城，是我国封建晚期城市的代表。从图中的繁华景象可以看出，商品经济得到了持续的发展，普遍形成了商业街。城市建设借鉴了古王城模式，以宫城为中心，前朝后市，左祖右社，外置天地日月四坛，充分体现了以天子为中心的皇权至上的思想。然而，在城市形态上不仅没有封建晚期城市的特点，反而对传统文化做了集大成的变现。

到了近代的工业城市，自1784年英国人瓦特发明了蒸汽机之后，人类开始有了人工能源，使工业在城市中有了集中的可能，推动了大工业城市的急剧增长。因此，近代工业革命，是城市发展的里程碑，它使城市产生了巨大的变化。

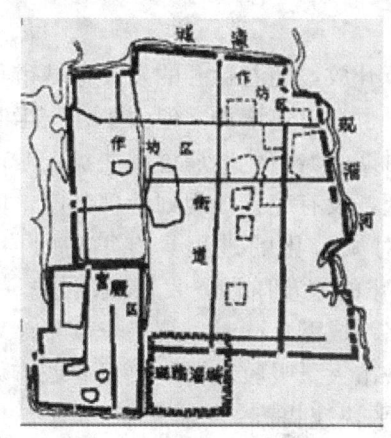

图5-4 战国时代齐国临淄城

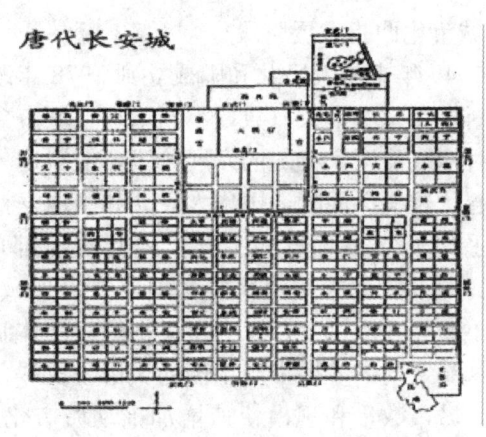

图5-5 唐代长安城

现代城乡发展模式与案例

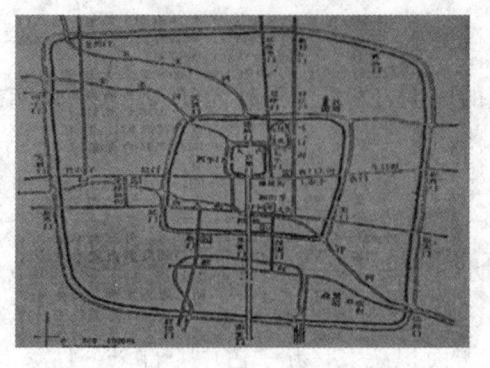
图 5-6　北宋汴梁城

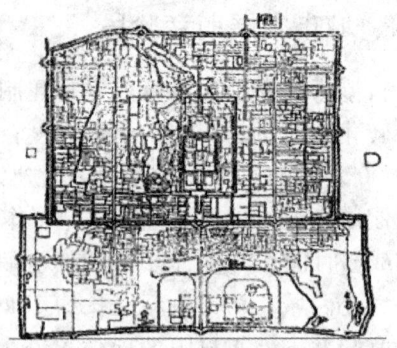
图 5-7　明清时期的北京城

五、城市发展快速阶段

中华人民共和国成立以前的中国城市，无论从城市面积、人口规模还是城市发展的文明状况，都是极其落后的。中国的城市发展逐步扩大并形成规模，起始于中华人民共和国成立以后（图 5-8）。

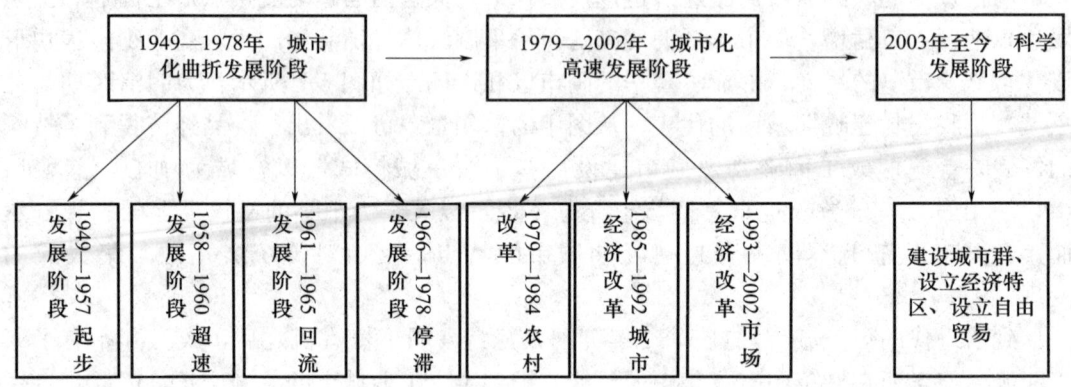
图 5-8　中国的城市发展过程图

1. 城市化曲折发展阶段

自 1949 年中华人民共和国成立到 1978 年改革开放，随着社会的发展，城市化发展水平不断提高、城市人口数量不断增加、城市数量也在迅速增加。但由于处于当时特定的发展时期以及国家特定的发展阶段，使得这一时期的城市化发展过程曲折、城市化率的波动起伏较大。同时，中华人民共和国成立初期，没有完善的规划管理制度，城市化进程几乎完全依靠政府的主导，因此政府部门对城市化的进程具有很高的控制力。1949—1957 年，是中华人民共和国成立以来城市化的起步阶段，发展较缓慢。战争带来的严重破坏逐步恢复，社会主义市场经济体制逐步成型，同时，第一个五年计划稳步推进。这一系列的发展推动中国的城市化发展，城市大量吸收农村人口促使城市人口快速增长，城市数量和规模快速增加推动城市化水平快速提高。1958—1960 年，是城市化超速发展的阶段，城市化进程伴随着一系列政策和社会变革。这一时期我国开展了社会生产运动，全国人民响应号召积极投入到工业、制造业上来。各行各业盲目地推进工业化,农村人口爆炸式地涌入城市,进行超大规模的基础建设,使得城市数量急剧上升,城市化得到空前发展。1961—1965 年,中国的城市化发展出现了回流。由于城市化超速发展造成的严重破坏,以及自然灾害带来的损害,使得国民经济大幅退步,待建或已建的工厂大部分停工、倒闭,人民的生活难以维持,城市人口又返回农村。因此,城市数量急剧减少,城市化的发展出现了倒退现象。1966—1978 年,城市发展处于停滞不前的阶段,国民经济严重不平衡。经济的波动使得国民经济无法持续发展下去,农业产量也持续走低。大批的知识分子和有志青年投入到农村的建设中,城市里的骨干劳动力减少,从而影响了城市的发展进度。

2. 城市化高速发展阶段

在经历了中华人民共和国成立初期的种种摸索与探究,中国终于找出来一条适合自己的道路。自 1979 年正式实施改革开放战略开始,中国的国民经济迅速增长,人民的生活在稳定中得到改善,城乡之间的结合逐步深入,中国的城市化迅速推进,进入了高速发展的时代。1979—1984 年,农村改革推动了中国的城市化。在农村改革过程中,农业生产水平突飞猛进,为经济建设奠定强有力的基础,加速了小城镇的发展。同时,经济的复苏和逐渐蓬勃发展,使城市人口迅速增加、城市规模逐步扩大,推动了城市建设的步伐。1985—1992 年,城市经济体制改革推动了中国的城市化。在这一阶段,农业迅速发展保证了国民对农产品的需求,乡镇企业的发展更具实力,小城镇发展上升到新的高度,大中城市的发展具有较强大的驱动力。这些发展及进步,同城市改革一起推动城市化的进程。1993—2002 年,市场经济体制推动中国的城市化。1992 年邓小平同志发表了南方谈话以后,中国的社会经济正式走上了社会主义市场经济的道路并一直坚定不移地走下来,因而,市场化的经济改革成为发展中国城市化的最强大支撑。

3. 科学发展阶段

2003 年以后,中国顺应时代发展的要求,依据当前的基本国情,提出了"科学发展观"。中国社会全面进入到科学发展的时期,也标志着中国的城市化进入了科学发展的时期。"五个统筹""两型社会"等相应政策的提出进一步细化和完善了科学发展中的城市化,表明了新时期的城市化所追求的是城市、郊区、农村以及所附带的社会、经济、人口、资源环境的全面协调且可持续发展。

随着近年来中国的经济、人口迅速扩增,原有的大、中、小城市的划分已不能满足当前经济、社会、人口、资源环境等的多元化发展的需求,由不同功能和规模的多个城市聚集而成的"城市群"应运而生,并且正在深刻地改变着中国经济发展的空间格局。城市群是城市发展到成熟阶段的最高空间组织形式,是在地域上集中分布的若干城市和特大城市集聚而成的庞大的、多核心、多层次城市集团,是大都市区的联合体。从最早的长三角城市群、京津冀城市群、辽中南城市群和珠三角城市群的划分,到 2016 年,中国依据各地区地理、文化、自然等优势共划分了 19 个"城市群"。在这种多元化、职能齐全的"城市群"不断发展壮大并引领带动下,中国的城市化进程将会进一步得到提速。

六、城市发展的现状及趋势

改革开放 40 多年来,在中国的城市化发展过程中,没有宏伟蓝图,没有统筹兼顾,没有配套政策,没有资金安排,甚至连试点推广都没有,不知不觉中,城镇化率就从1978年的18%上升到2022年的65.22%(表5-1)。然而,与部分西方国家城市化水平(表5-2)相比,我国的城市化还相对落后,仍然存在较大的发展空间。

表5-1 中国城市化进程统计及预计

20世纪70年代末	14%
1986年	26%
1999年	29.50%
2000年	36%
2020年	45%~50%
2050年	70%~80%

表5-2 20世纪中叶部分西方国家城市化水平

美国	72%
英国	87%
联邦德国(现称德国)	79%
荷兰	86%
加拿大	77%
澳大利亚	83%

回顾历史,中国城镇化的提高并非来自政府主动和有意识的推动,而是城乡社会、经济、市场、产业和文化发展的自然结果。由此可见,政府在城市化进程中的作用,应该是营造有利于城镇化的法律和政策环境。

第二节 现代化城市的发展状况

中国的城市化发展已经取得显著成绩,但是由于起步较晚,发展过程曲折,所以当前的中国无论是与发达国家相比还是与同等发展水平国家相比,仍然是世界上城市化水平较低的国家。同时,由于发展过程过于追求量的增长,忽略了其本质的发展要求而带来了严峻的社会问题。

一、城市环境问题

城市环境主要是指自然环境和社会环境两个方面,在当前社会的发展过程中,人口、资源、经济发展与环境之间的相互作用、相互影响的关系日益明显,因此导致了环境问题。究其产生发展的原因主要有以下几点:①人口的过快增长和经济的超速发展超出了环境容量和环境承载力。②城市生产生活奢侈,浪费了大量的物质和能量,资源利用率低,废弃物的排放增加,使得城市环境急速恶化。③不遵循生态规律,不依据城市生态理论来组织管理经济发展、社会生活,无法合理、高效地使用土地和空间,建筑、交通、管网及工业布局混乱,因此破坏了城市生态系统,削弱了城市生态系统的调节功能。由此可见,城市的环境问题,也就是人类经济活动、社会进步与环境之间的协调关系被破坏，主要是资源的不合理利用和过度浪费造成的。而由城市环境问题带来的城市问题有：大气污染、水体污染、固体垃圾污染、噪声污染、光污染、电磁波污染等（表5-3）。

表 5-3　环境污染带来的城市问题及危害

类型	污染源	危害
大气污染	工矿业排放、车辆及船舶尾气、秸秆焚烧、地面扬尘	酸雨、粉尘、雾霾、光化学烟雾、温室效应
水体污染	工业废水、生活污水、农业污水、城市地表径流	重金属中毒、水体的富营养化
固体垃圾污染	工矿企业废渣、生活垃圾	恶化居住环境、挤占生存空间
噪声污染	交通工具、工业生产、现代娱乐设施	破坏安静的居住环境，影响人类的正常工作及起居
光污染	城市霓虹灯、玻璃幕墙等反光材料	有害视力、干扰市民休息
电磁波污染	高压电线、各种电器	干扰电信设备运行、具有引爆引燃等强烈危害

二、城市的基础设施建设落后于城市发展的步伐

1. 城市交通问题

随着中国快速全面的发展，城市人口和车辆急速膨胀，交通阻塞、交通事故、公共交通问题、停车问题以及步行者（包括骑自行车者）问题等一系列的城市交通问题，严重妨碍了市民的正常工作及生活节奏，也限制了经济和社会活动的发展。高架桥、立交桥和地铁等现有的交通方法能在一定程度上改善城市交通，却无法从根本上解决中国任何一个城市的交通问题。而相反，立交桥建设相对发达的城市往往是交通严重的城市。从技术层面讲，落后、混乱、低效率的交通模式是交通恶化的重要原因。同时，一些城市缺乏有效的交通管理以及运营，人多车少，运力紧张；车多路少，道路面积狭小，道路网格稀疏以及主要交通干道没能形成合理规范的网络等城市问题也促使城市交通问题愈演愈烈。

2. 城市建筑问题

当前的中国城市建设，由于缺乏系统的城市建设规划管理，过度无序地进行土地开发、工业建设，没有合理地使用土地及空间，造成建筑布局、工业布局混乱，土地利用率低。从城市住房问题看，当前中国的城市住房问题主要包括：①住宅建设满足不了人口增长及人民生活水平提高的要求；②现行住房制度的弊端尚未有效处理，房价高居不下，住房费用飞涨；③部分住房缺乏必要的配套设施，城市危房、棚户区改造步履维艰；④推行住房制度改革没能达到理想目标。此外，城市的管网紊乱，一些城市的管网规划不够科学，无法适应城市未来的发展，尤其是地下水道规划建设不过关，排水系统差，使得近年来多次频发城市内涝、涨洪水等问题，以及井盖丢失所引发的安全问题；水资源尤其是生活用水资源短缺；由于工矿企业建设所引起的道路、房屋塌陷，"天坑"频现。在中小城市，天然气及自来水的普及率低，生活垃圾、污水等废弃物的处理设施缺乏等。

3. 其他问题

城市化发展忽略了居民对生产生活日益提高的需求。城市化不断迈上新台阶，然而与生活息息相关的物质文化需求却无法使居民得到满足。由于医院较少且没有建立合理

的监督管理机制，社会上频频出现"就医难""买药难"等现象；在教育方面，仍然是资源缺乏，教学设施不足，使得部分居民子女尤其是外来务工人员的子女无法按时入学；没有建立健全相应的监督管理，食品安全及卫生问题屡禁不止；城市内就业形势严峻，人口老龄化严重。

三、城市发展与经济

就财富分配而言，为了带动经济发展而首先开放了沿海，如珠三角等地区，拉大了东、西部经济发展差距及贫富差距，导致了区域发展严重不平衡，从而制约了中国进一步向前发展。同时，由于城市快速发展而农村的发展停滞不前甚至更落后，导致了城乡差距显著，农村大批劳动力涌入城市，产生了人口密集、交通拥堵、秩序紊乱等城市问题。与此同时，由于日趋拉大的贫富差距导致社会治安问题愈演愈烈，时刻威胁着人民的生命财产安全。在中国的城市化进程中引发了一系列的"城市病"。为了在今后的发展中能够解决这些难题，中国的城市化必须在科学发展的前提下稳步推进，逐步完善城市功能，形成合理的大、中、小城市布局以及具有集聚功能的"城市群"。

在城市功能优化发展方面，完善城市的服务功能，顺应国内外的发展主流，优化服务系统；完善城市的居住功能，逐步实现宜居、利居、乐居这3个阶段的提升。在城乡经济可持续发展方面，要发展多元化的经济，减少对某一行业的过度依赖。按照城乡经济统筹发展、城市经济集约发展的要求稳步推进，全面、高效地实现中国的城市化。在生态环境友好发展方面，遵循"两型社会"提出的目的意义，正确处理人与自然的关系、人与人的关系，让生态环境成为可持续发展的助力。在经济社会和谐发展方面，本着"和谐、共生"的发展宗旨，达到经济、社会和人的全面协调且可持续发展。

第三节 现代城乡发展模式中的城市功能

面对我国现在城市的现状是大城市不大、中等城市不强、小城市不特，同时出现众多城市病的现状，将来城市发展将更注重区域经济的发展，以城市群、城市圈、城市带为发展战略，做好区域规划。将来城市的发展要打破地区行政界限，加强城市与城市、城市与乡村、地区与地区之间的联系，延续区域特色，发挥各个部分在将来区域发展中的优势，提高区域整体的竞争力。将来城市的发展不是一味"摊大饼"，无限地向周边地区蔓延；而是要做好城区的规划，掌握好城市最佳控制城区范围。

城市是经济社会发展到一定阶段的产物，是人类社会发展的大舞台，是一个国家或一个地区政治、经济、文化、交通的会聚点。城市的形成和发展经历了漫长的岁月，城市功能由原来的单一简单变成现如今的综合性和多功能性。

一、一般综合性功能

城市的一般综合性功能是指现代城市都具备的功能，这些功能相互交织、相互促进，构成了城市的基本特征和核心价值。现代城市已经发展成为一个集政治、经济、文化、交通、居住、环境的复合载体，主要表现在一定区域的政治、经济、文化功能，还包括承载人类活动的基地功能等。现在城市已经形成了它所在服务半径的经济、政治、文化、交通中心，各个城市基本功能只是在服务半径上的区别，同时不同的城市的功能侧重点不同，在主导性的功能上会有差异。城市的功能具体又可以细化许多单项功能，如行政、居住、科技、教育、商贸、金融、交通、旅游、生产等诸多功能。

城市的功能并不是各个分散功能的简单相加，而是各个功能相互影响、相互作用形成的有机结合整体。从城市经济学角度来看，对城市功能具有三重理解：首先，城市功能是多样的，包括经济功能、政治功能、社会功能、文化功能等，这些多样性的功能对城市的发展、居民的生活以及社会经济状况产生了广泛的影响，但这些功能不是并重的，不同城市的功能存在差异；其次，城市功能结构是城市功能系统的重要性质，包括关系结构和空间结构两方面，城市的功能结构因城市的规模、发展阶段、文化背景等而异，也会随着城市的发展而变化；再次，城市功能系统的运行离不开外界环境即城市功能支持体系，包括硬件体系和软件体系。硬件体系主要指城市基础设施，软件体系指与城市发展相关的政策、正式和非正式制度、理念及文化。完善的城市功能支持体系是城市功能系统发挥作用必不可少的条件。不同的城市在功能上存在差异，在主导功能上有着不同，一般存在主导功能和一般功能的差异。城市功能定位决定着这个城市的主导功能；如北京作为我国的政治中心，城市的政治功能是北京的主导功能；再如上海、广州，身居重要的经济位置，是重要的海港，城市的经济功能显得格外重要；再如（湖南）株洲——"火车拉来的城市"，这是重要的交通枢纽，是连接各个城市的中心位置，城市的交通功能显得格外突出。各个城市在其主导功能的影响下，和其他的非主导功能共同构成城市的功能。城市的主导功能和一般功能相互依存、相互影响。城市主导功能的发展也会为城市其他领域的发展提供动力，而一般功能的完善则为城市的主导功能提供了基础支撑。CSC现代发展模式中城市功能除了在城市一般性综合功能上有所体现外，城市新功能将会有所突破，改变充满"城市病"的现状，变成一个适宜人们居住的地方，和郊野、乡村形成互补，形成一个有机的整体，共同构筑科技、数字、轻松、绿色、休闲的CSC现代发展模式。

二、聚集和分散功能

城市将一定地区的人口流、智力流、物质流、能量流、资金流、信息流聚集起来，通过城市活动满足城市内部需要并向其他地区扩散，此即城市功能的本质。未来城市的发展并不是单一城市的发展，也不是几个城市的简单相加，而是城市之间相互协作与相互配合整体发展。未来城市将会朝着要素的高度集中、产业高度集聚、区域高度协作、空间规划合理、分工合作明显等方向发展，城市的集聚分散功能将会更加凸显，会具体体现在人口、资金、技术、交通等方面。

城市是人口、资本、资源、信息、社会财富聚集地。城市是拉动经济的引擎，是一个巨大的消费场所，本地资金的自我积累，同时投资者看中城市巨大的消费潜力，把城市作为投资的首选地，城市集聚了越来越多国内外的资金。城市工业郊区化以及第二、第三产业的发展，在城市内部因为发展的需求，聚集了越来越多的资金和人口；同时，由于城市完善的社会功能以及良好的基础设施建设，人们为了获取更好的生活条件和生活质量，越来越多的人到城市发展。城市在教育方面存在着优势，众多的学府和科研机构坐落在城市内部，科技、教育发达，是技术诞生的主要源头，是创新和技术进步的主要来源地，尤其是信息、网络、电子技术。因此，城市是人力资源、资本、技术等的集中地，体现了城市的一个集聚功能。

1. 人口的聚集与分散

城市的分散功能主要体现在技术、人才、人口、资金等向郊区和乡村的扩展和分散。得益于四通八达的交通以及多样的出行方式，人们可以自由出行于乡村、郊野和城市之间，将会改变现在过分聚集在城市中的人口现状。由于乡村和郊野使人们在生活品质上得以提升，以及人们对生活舒适度的追求，乡村、郊野、城市良好的连接性，将会有更多的人选择在乡村的郊野生活，城市人口被分散至城市周边。人口聚集和分散在城市规划、社会经济发展等方面具有重要影响。

将来从事农业的人除部分自给自足的纯农民之外，大部分都是有农业技术专长或农业生产及管理专长的技术人员。越来越多的劳动力从土地中解放出来，将会有越来越多的农村人口进入城市工作、学习和生活，城市中将会聚集更多的人口；但同时，一些有技术、有资金、有能力的城市人，也会因为工作或投资或休闲或生活而来到适宜生活的郊野和农村，把技术和资金投向郊野和农村。

现代城乡不管是城市、郊野，还是农村，都是适宜人们居住的地方。将来交通便利，以及人们生活水平的提高，出行的方式多样化，人们可以自由地在城市、郊野和农村之间往来。随着技术下乡、人才的分散、人们生活水平的提高、绿色生活方式的倡导，郊野和农村也将会是一个人们选择定居的好地方。人们会为了好的教育和工作等而集聚在城市，但是随着郊野和农村的发展，一些新兴产业和工业分布在其中，同样也为人或为工作需要、或为自己生活的追求而来到郊野和乡村，城市中的人口一部分被分散到了郊区和乡村，未来城市将不会像现在这么拥堵。

2. 技术资金的集散

承载城市的集聚功能，充分的资金、技术、人才集中在城市，将会加速技术创新，提高产业竞争力，吸引更多的人才和投资，从而让城市发展得更好、更快。将来城市的发展承载着集聚功能的优势，现在城市存在的交通、环境、人口等方面的问题，依靠高新技术和人才，以及先进的管理，将会得到很好的解决。

将来城市在基本的集聚功能基础上，分散功能将更加明显：主要是在各种有利资源和条件的基础上发展城市群，增加城市服务半径，带动服务半径内的乡镇和农村发展。以核心城市为依托，分散城市人才、技术、资金等去往非城市地区，以促进其他地区的发展。同时减轻核心城市的压力，降低交通拥堵、环境污染等问题，从而使得城市的资源更加均衡地分布。这种分散功能表现为技术下乡、支教、村镇乡村资金引进等，现在有些工厂已经分布在一些郊区、城乡接合部，甚至一些乡镇地区。

3. 产业的集散

城市为郊区和农村的基础设施建设提供资金和技术上的支持，特别是为农村农业标准化、产业化、科技化、集约化的生产提供资金和技术上的支持，体现了城市的分散功能。以长株潭（即长沙、株洲和湘潭三市）城市群的发展为例，以长沙为中心的长株潭城市群，充分利用三市在发展基础、区位优势、要素集聚、功能定位等方面的互补共通，逐步实现交通同环、电力同网、信息同享、金融同城和环境同治，促进经济一体化发展，在城市发展的基础上，覆盖城市群服务地区，影响并帮扶非城市地区发展，给予资金、技术等方面的支持,促进这些地区的发展。

三、生产—生活—生态功能

现代城市由于不成熟的规划,以及缺少对未来城市发展需求,出现了人口增多、用水用电紧张、交通拥堵、环境恶化等"城市病"。将来城市不仅重视其生产功能,生态功能、人类栖息地功能也将会得到重视。在将来的社会发展中,城市规划将会更加注重城市的功能分区以及土地的合理利用,将来城市的发展并不是一味地追求城市硬件的建设,城市发展的标准也不仅用 GDP 来衡量,城市生活的舒适性、环境生态性也是将来城市发展的衡量标准,城市的发展目标是建成一个集生产、生活、生态为一体的现代化绿色生态发展之城。同时城市工业发展将会有更多政策和制度来规范生产,更多地应用高科技和先进管理,将来城市生产的模式将是绿色、健康、高效、高产。

1. 生产功能

生产方面,城市聚集了大部分的工厂,虽然从现在城市的发展来看,一些工厂已经向郊区和农村转移,但由于城市各种资源和各种优势的存在,以及一些工厂自身对城市的依赖,未来城市还将存在大部分的工厂。工业生产将会集聚在城市中,只是在未来城市中将会更多地注重发展策略和城市规划,工厂将会合理地分布在城市中。未来城市会继续将城市工业放在高科技园区,走出一条科技含量高、经济效益好、资源消耗低、环境污染少、人力资源得到充分发挥的新型工业化道路,同时用高新技术和先进的适用技术武装工业,做大做强现代工业,发展高新产业,形成以高技术产业为先导的产业格局。

循环经济和知识经济将是未来经济的发展趋势,是增强地区经济实力以及社会可持续发展的坚实基础。将来城市产业发展中,政府主动培育有利于循环经济发展的社会环境要素,为循环经济发展创造良好的外部环境;构建激发生产者加入循环经济的内外驱动机制,让投资者和生产者积极投入循环经济的发展中;加强环境道德教育,帮助人们建立起绿色理念,调动公民参与循环经济的积极性,为发展循环经济创造原动力。

城市产业结构直接决定了城市的经济功能,进而对城市空间结构产生影响。增强城市经济实力和地方竞争力,产业结构的调整和优化是一个必然的趋势。在市场导向下资源配置的合理化和高度化,即经济要素从增速较低的部门流动到增速较高的部门、从附加价值较低的部门或者生产环节转移到附加价值较高的部门或者生产环节,以劳动密集型部门为主导向资本密集型部门为主导、再向技术密集型部门为主导转化。根据发达国家的发展经验,在工业化的初期和中期,三次产业结构变动对经济增长的贡献比较明显,而越到后期越不明显。未来城市的发展不仅仅是减少第一、第二产业的占比,大力发展第三产业,更要注重三个产业内部结构优化。加快服务业发展速度,在产业结构层次上实现产业升级;积极发展先进制造业及其技术创新,以实现工业内部的产业升级。

2. 生活功能

在生活方面,建设低碳城,发达的交通,绿色的生活方式,数字化、信息化和人性化的城市将比现在的城市更适宜人们居住。杭州就提出,建设以低碳经济、低碳建筑、低碳交通、低碳生活、低碳环境、低碳社会为目标的"六位一体"的低碳城。

低碳建筑:指在建筑材料与设备制造、施工建造和建筑物使用的全生命周期内,减少化石能源的使用，提高能效，减少建筑物在使用阶段产生的二氧化碳排放量，以应对气候变化和环境问题。目前，低碳建筑已逐渐成为国际建筑界的主流趋势。一个经常被忽略的事实是：建筑在二氧化碳排放总量中，几乎占到了50%，这一比例远远高于运输和工业领域。

低碳交通：采用低碳排放技术和策略，以减少在交通运输过程中的二氧化碳的排放以及其对环境的影响。这是城市可持续交通发展的大势所趋。目前，城市中主要的低碳交通方式以公交、地铁、轻轨等方式为主，但其实自行车交通以其轻便、灵活、环保、舒适的特点，也是城市短途出行中不可缺少的重要一环。

低碳生活：指生活作息时所耗用的能量要尽力减少，减低碳，特别是二氧化碳的排放量，从而减少对大气的污染，减缓生态恶化，主要是从节电、节气和回收3个环节来改变生活细节。低碳生活不仅有助于应对气候变化和环境问题，还能提高生活质量，节约资源和金钱。

低碳社会：指通过创建低碳生活，发展低碳经济，培养可持续发展、绿色环保、文明的低碳文化理念，形成具有低碳消费意识的"橄榄形"公平社会。这是一种实现经济发展和社会进步的同时最大限度地减少碳排放和降低对环境影响的社会模式。

得益于技术的发展和高科技材料的应用，将来城市建筑的材料将会朝着低碳环保的方向出发，同时房屋的空间将会逐步地被利用起来，如现在地价的上涨，在房屋的顶层建立空中别墅、花园、游泳池等将会逐步增多，同时房屋空中绿化也将会逐步被接受。将来城市内部交通模式将不会仅限于地上的利用，城市生活中交通可以从地上、地下、水上，以及楼与楼之间高空的利用，甚至城市内部、城郊、乡村范围内低矮空间都会被利用起来，交通将会变得畅通无阻。加上高新的交通工具，低碳环保的生活环境在逐步建立当中。

政府的主导与鼓励，人们理念的变化，再加上企业和公众的积极参与，低碳环保绿色生活将会成为未来城市的主流。人们的理念的变化，周边郊区以及乡村绿色生活品的供给，城市垃圾得到妥善处理，发达的公共交通，以及新能源新材料的应用，使得将来城市人的生活方式可以是绿色环保的生活。新信息技术的发展，人性化的管理，信息获取的快速性，智能化、信息化的生活、工作、管理方式，让将来城市生活变得更加方便、快捷和舒适。

3. 生态功能

城市生态系统是城市人类与周围生物和非生物环境相互作用而形成的一类具有一定功能的网络结构，也是人类在改造和适应自然环境的基础上建立起来的特殊的人工生态系统。不同于自然生态系统，它注重的是城市人类和城市环境的相互关系。它是由自然系统、经济系统和社会系统所组成的复合系统。城市中的自然系统包括城市居民赖以生存的基本物质环境，如阳光、空气、淡水、土地、动物、植物、微生物等；经济系统包括生产、分配、流通和消费的各个环节；社会系统涉及城市居民社会、经济及文化活动的各个方面，主要表现为人与人之间、个人与集体之间以及集体与集体之间的各种关系。这三大系统之间通过高度密集的物质流、能量流和信息流相互联系，其中人类的管理和决策起着决定性的调控作用。

面对现在城市的城市病问题，如空气污染加剧、水污染严重和水资源短缺、固体废物排放量大，综合利用和处置率低、城市噪声污染严重、天然植被减少，城市绿地覆盖率低、城市基础设施建设欠账多，排水设施落后、城市通风廊道缺乏，热岛效应严重等，未来城市在用地上将会确保城市生态用地。

城市建设中，要根据城市自身环境特点，如气候、地形、降雨、植被等方面综合考虑城市绿地的比例、面积和布局，增强城市生态服务功能。在城市道路、小区绿地的规划设计中，充分考虑地形地势的影响，增强和发挥绿地城市生态功能的作用。在城市绿地、河渠、湖泊、湿地建设中，要充分考虑恢复重建其生态服务功能，尤其要防止目前普遍存在的硬化土地和千篇一律的绿化或简单绿化，忽视生态功能的倾向。

未来城市生态功能的体现不仅是在绿化上做文章，还将会充分利用地上、地下、城市上空间，同时城市构筑物使用新的环保材料，减少建筑物的碳足迹，对城市废水、废气处理形成一个成熟的循环过程，城市绿化不仅仅局限于地面，还将会利用窗台、空中走廊、屋顶、架空空间等空间的利用。城市绿化的合理布局，以及指标的控制，生态园和自然环境的保护，使城市成为更适宜人们栖息的地方。体现城市生态功能需要政府、规划师、企业和市民的合作，共同致力于将生态二字融入城市发展的方方面面。

四、传承与发展功能

城市的传承与发展功能，主要体现在文化方面。文化是经济和技术进步的真正力量，即人的尺度；文化是科学和技术的发展方向，即以人文本；文化是历史的沉淀、存留于城市和建筑中，融入人们的生活中，对城市的建造、市民的观念和行为起着无形的影响，是城市和建筑之魂（《北京宪章》）。文化是指一个国家或民族的历史、地理、风土人情、传统习俗、生活方式、文学艺术、行为规范、思维方式、价值观念等，它贯穿于人们的吃、穿、住、行、乐、才艺等方面。

1. 文化的传承

文化继承，不是原封不动地承袭传统文化，而是要有所淘汰、有所发扬，从而使文化得到发展。继承是发展的必要前提，发展是继承的必然要求。继承与发展，是同一个过程的两个方面，在这一过程中，不断革除陈旧的、过时的旧文化，推出体现时代精神的新文化，这就是"推陈出新，革故鼎新"。文化在继承的基础上发展，在发展的过程中继承。把握好文化继承与发展的关系，批判地继承传统文化，不断推陈出新，革故鼎新。

我国城市文化发展，尤其是历史文化遗产的保护和利用，风景名胜区的保护与利用，城市生态环境保护，城市文化建设与活动等，取得了长足进步和发展。但是由于市场经济利益的强势冲击和一些主体的急功近利，以及房地产开发谋求高额回报的驱使，加上外来文化的大量侵袭，一些自然和历史文化遗产、旧城区、风景名胜等，在经济发展狂潮之中面临着非理性对待的威胁，遭受着建设性破坏，命运堪忧，这不能不引起我们足够的注意和警觉，再不能留下新的难以弥补的遗憾。

城市文化的传承与发展将是建设具有地方特色的城市的基础。文化的传承主要体现在对传统物质文化和精神文化保护和继承上。现在文化的传承主要体现在教育和文物古迹的保护上，例如建设博物馆、建造专门的主题公园等。在进行城市生态保护和宜居建设的过程中，未来城市的发展将会更加注重保护城市的历史、自然、文化遗产，与此同时，兼顾新文化与城市文化遗产的相互融合，让城市充满人文气息。在城市文化传承的过程中，将文化融入城市的规划与设计理念中，在房屋的建造中体现地方特色，继承当地文化，如特色的建筑物、城市标志、城市文化等。

城市文化将成为城市发展的中坚力量，文化产业已成为国民经济的重要组成部分，并且创造出巨大的社会财富。文化产业具有资源消耗低、环境污染小的特点，是典型的"低碳经济""绿色经济""朝阳产业"。大力发展文化产业，有利于优化经济结构和产业结构，有利于拉动居民消费结构升级，有利于扩大就业和创业，有利于经济欠发达地区实现跨越式发展。

2. 文化的发展创新功能

着眼于文化的继承，"取其精华，去其糟粕""推陈出新，革故鼎新"，是文化创新必然要经历的过程。一方面，不能离开文化传统，空谈文化创新，对于一个民族和国家来说，如果漠视对传统文化的批判性继承，其民族文化的创新，就会失去根基；另一方面，体现时代精神，是文化创新的重要追求。文化创新，表现在为传统文化注入时代精神的努力中。

文化的创新也体现在城市新技术发明创造，城市有众多的学府和科研机构等，存在资金和人才的优势，这些都为城市的文化的创新创造了基础。革新文化体制，创建城市文化品牌，丰富文化创新的形式，创建一个有利于文化创新的环境，这都是未来城市文化创新的重要内容。

创新是文化的灵魂与生命，是文化的存在之本和发展之源。我们不能离开传统文化，空谈文化创新，同时，体现时代精神，是文化创新的重要追求。城市文化的发展离不开文化的传承，文化的传承离不开文化的发展。文化的传承与发展相辅相成，两者共同致力于城市文化功能的进步。在未来城市文化的发展中，除了现有城市文化的传承与发展的表现形式外，将更多地表现在文化景观在城市建设中起到的美化和宣传作用，通过城市规划，建设有代表性的城市广场、雕塑、符号标志等，城市景观的建设，城市品牌的塑造，城市美感的营造对先进文化和传统文化有着良好的促进和传承作用。

五、休闲旅游功能

提升城市旅游功能可以直接带动城市产业发展。城市是产业发展的载体，产业是城市发展的基石。旅游业是关联性、带动性极强的产业，据有关部门统计，与旅游相关的产业、行业和部门超过110个，旅游消费对住宿业的贡献率超过90%，对民航和铁路客运业的贡献率超过80%，对文化娱乐业的贡献率超过50%，对餐饮业和商品零售业的贡献率超过40%。旅游收入每增加1元，可带动相关行业增收4.5元；旅游投资每增加1元，可带动其他行业投资增加5元，产生经济增长的乘数效应。

1. 旅游方式的增多

旅游是一项重要的城市功能，在未来的城市中，城市的旅游功能将更明显。旅游是一种综合生产力，除经济功能外，旅游的文化功能、美育功能、智育功能、德育功能、康体功能、成人成才功能、再生产功能和社会功能，同样不能忽视。城市的旅游功能与城市的其他功能相辅相成，共同促进城市的发展。城市的旅游功能与其他功能相结合，发展具有城市特色的旅游，如地方旅游、人文旅游、工业旅游、标志性旅游、名人效应旅游等形式。

旅游业的渗透力较强，与一产（即第一产业）结合形成观光农业、体验农业、休闲农业等，与二产（即第二产业）结合形成生产线旅游、产品旅游等，与其他三产（即第三产业）结合形成文化旅游、体育旅游，不断催生复合型的新型业态，实现产业层次的优化升级。旅游业还是服务业的引领产业、龙头产业，不仅能够直接促进城市传统服务业的发展，而且为现代服务业开辟了新境界，促进了旅游电子商务、旅游金融等新兴业态的快速兴起。此外，旅游业的发展也需要城市提供游客青睐的旅游商品，间接促进以旅游商品开发生产为主的旅游装备制造业的发展。

随着城市生活水平的提高，人们会更加注重追求精神上的体验和体会。发挥文化旅游和工业旅游等特色城市旅游，加上城市现代化的发展、大都市的别样旅游体验，旅游将会为城市的经济拉动和文化传承与发展起到重要的作用。

2. 旅游休闲功能

休闲城市，是指其休闲功能上升为城市性质的城市。其是休闲功能区发展完善、休闲设施丰富、休闲产业高度发达、环境优美，以休闲文化为城市的气质与灵魂，拥有现代化的城市休闲设施、国际化的休闲环境和标准化的休闲设施，提供个性化的休闲服务，具备国际化休闲形象的宜居城市。构建休闲城市，有利于促进城市功能的全面发展，促进旅游、文化、娱乐、体育、健身、教育、培训、社区服务以及商贸零售、金融保险、电子信息等众多产业的发展，将对城市发展起到巨大的推动作用。

拥有独特的自然条件、良好的生态环境、旅游景点和活动多样、完善的城市配套等等，CSC现代发展模式中城市将会发展成一个适宜居住、适宜放松、适宜休闲旅游的胜地。将来城市的发展将会以旅游产业作为经济的支柱，趋于人性化、特色化、生态化发展方式，为人们提供了更多的旅游体验机会。将来城市旅游功能将更多地体现在同城旅游、城乡旅游、城际旅游、国际旅游等多个方面。将来城市居民与非城市居民没有明显的区别，人们在城市、郊野、乡村之间自由穿梭，体验不同的生活，感受不同的文化，品尝不同的美食，享受不同的人生。

第四节　现代城乡发展模式的城市构想

现代城乡发展模式是以城市为重要点，郊野为次重点，农村为基本点的"三点多线带面"立体空间发展模式。即依托郊野的枢纽优势，统筹城乡发展，既实现城市绿色转型，又拉动农村经济的健康增长。

城市是人类经济、社会和环境发展主要的综合载体，是资源消耗和废弃物产生的主要集中区。全球一半以上的人口居住在城市，城市人口消费全球75%的自然资源，并产生全球75%的垃圾。城市发展面临着严峻的生态环境恶化和资源短缺的双重压力。同时城市作为人类满足自身的生存与发展而创造的人工环境，其发展不仅是一个长期的物质环境建设过程，更是一个文化积淀与传承的过程。因此未来城市的发展模式应着重发展循环经济，拓宽开放服务半径，提升改革创新能力，凝聚文化软实力，注重生态平衡，建设低碳环保型城市，实现经济与环境双赢。

一、城市未来发展前景

近年来我国城市化建设获得了巨大的成就,城市化水平将逐步比肩发达国家。然而当城市化到达一定峰值时会出现回落现象,即当今发达国家面临的逆城市化问题。白天,人群从城市边缘或郊区蜂拥至城市工作,引起各条进城交通线路拥堵,城市公共交通负荷压力过大。晚上则返回位于城市边缘或郊区的家中,造成"空心城"的现象。为了解决这一尴尬现状,欧洲许多国家纷纷提出了"中兴城市"的城市复兴计划。因此未来城市的发展前景应是增强城市服务功能,适当控制城市人口规模,提升城市文化品位,注重城市生态环境,倡导低碳绿色生活,鼓励创新,践行新技术,发展循环经济。

二、未来城市的特点

未来城市的发展将更注重生态保护,遵循可持续发展的经济规律,在自然环境与社会经济上寻求最佳平衡点。在城市建设方面,结合郊野与农村的特色,采用绿色生态建筑材料,打造生态宜居城市;在空间布局方面,合理规划城市空间,扩大城市绿地面积,减少高空深地建筑,提升城市文化品位;在城市建筑风格方面,融入社会与自然的风貌,促使城市的现代建筑风格与田园风格融为一体;在发展规模方面,适当控制城市规模,发展一区多点的经济商圈,辐射带动周边区域,避免人口与建筑物的过度集中;在城市生活方面,绿色低碳的生活理念深入人心并身体力行;在市政建设方面,公共交通网络发达,新型绿色能源运用广泛;在对外交流方面,以包容并蓄的态度升级开放层次;在公共管理方面,城市服务功能愈加齐全,以人为本理念愈加突出;在文化教育方面,创新精神得到鼓舞,创新成果得到运用;在文化生活方面,人口素质得到提升,传统文化得以传承,先进文化得以吸收。

三、未来城市的模式

根据《城市规划基本术语标准》(GB/T 50280—1998)中的定义解释,城市即以非农业的非农业人口集聚而成的较大居民点。在中国,包括按国家行政建制设立的市、镇。城市的出现是人类走向成熟与文明的标志,也是人类群居的高级生产生活形式。由于西方资本主义起步较早,为满足生产建设的需要,劳动力、生产物资第一次实现了产业集聚,这也是社会发展的必然过程。城市在这种历史需求下应运而生。至此已形成了各种以不同职能为主的城市代表,如以工业为主的"汽车城"——美国底特律、闻名于世的"花市"——荷兰阿尔斯梅尔。对比西方在城市建设上取得的成就,其代价也是惨重的:城市及其周边生态环境惨遭破坏,城市热岛效应日益加剧,资源浪费与枯竭并生……一系列社会问题接踵而至。

现代城市在保持经济可持续发展的前提下,突破城乡地域限制,力争城乡经济协调发展,缩小差距。同时注重生态平衡,协调人与自然的关系,实现智能+绿色的并轨发展。在保持城市—郊野—乡村各自的特色上,确保人们无论选择何种生产生活模式都能达到最佳效能。其中未来城市的发展思路应是在城市智能发展的基础上,注重城市生态建设,集约利用城市空间,包容并蓄地升级城市品位,转变单一的经济增长形式,尊重居民意愿,塑造以人为本、天人合一的城市发展理念。

1. 智能型

北京工商大学世界经济研究中心季铸教授认为,智能城市(Smart City)是以效率、和谐、持续为基本坐标,以物理设备、电脑网络、人脑智慧为基本框架,以智能政府、智能经济、智能社会为基本内容的经济结构、增长方式和城市形态。在智能城市体系中,城市智能化管理,首先是由智能城市管理系统辅助管理城市,其次是包括智能交通、智能电力、智能建筑、智能安全等基础设施智能化,也包括智能医疗、智能家庭、智能教育等社会智能化和智能企业、智能银行、智能商店的生产智能化,从而全面提升城市生产、管理、运行的现代化水平。智能城市不同于以往的城市发展概念,其着力点在于城市管理与运行机制,为认识物质城市打开新的视野,并提供全新的城市规划、建设和管理的调控手段,从而为城市可持续发展和调控管理提供有力的工具。此外,"智能城市"还将更好地体现出现代城市"信息集散地"的功能,意味着城市功能全面实现信息化,更好地促进城市人居环境的改善和可持续发展。

2. 生态型

现代城市的生态建设,将超越城市建设与环境保护协调的层次,更多地融合社会、文化、历史、经济、产业等因素,向更加全面的方向发展;成为社会、经济、文化和自然高度和谐的复合生态系统。每个城市应根据自身所处的历史自然条件,因地制宜地打造专属的生态机制,促使城市的生态形象与生态功能相得益彰。现代CSC模式中城市依靠发展绿色经济,城市经济活动和谐地融入自然系统的物质循环过程中,形成融资源开发、清洁生产和废弃物综合利用为一体的环境友好型经济模式,实现经济活动的生态化。其主体不仅仅包括城市空气、水源、土壤这些自然因素,还涵盖建筑、交通、人文等社会因素。对于城市环境的改善,应着力于与其所处的自然环境融为一体,不仅仅局限于城市绿化,还应拓展到城市建筑材料、建筑风格、城市交通体系、居民出行方式、居民生活习惯以及资源的循环利用等方面。推广绿色生态生活理念,普及节能环保教育,倡导低碳生活方式。从自然、经济、社会等方面着手,致力于城市生态的综合改造,使各类因素相互促进,和谐共生。

3. 立体型

立体城市是城市发展从摊大饼式的平面向摞小饼式的三维立体式转变,是基于对绿色、低碳和城市发展而提出来的城市发展解决之道。现代CSC模式下的城市立体化主要表现在建筑空间、城市信息、绿化规划、城市基础设施建设、公共事业配套建设等方面。从以往单纯追求高速度高密度的城市发展轨道上解脱出来,合理布局城市空间,严格控制城市建筑平均高度,减弱城市热岛效应,增强城市通风排尘功效。推广利用绿色型材,开辟绿化空间,突破土地种植平面限制,为建筑物穿绿衣,弱化雾霾天气对城市能见度的影响。同时在智能城市的基础上,综合城市各类信息,建立城市信息资源云平台,对城市信息进行分析整合,方便用户按需索取。以此形成层层分明的立体运作模式,使信息全方位高效流通,达到效能最大化。此外,在城市基础设施建设与配套设施建设方面也可效仿立体化模式。改变依靠占地范围广而利用效率低的惯性思维,贯彻节地技术,探索空间发展,压缩城市建筑用地,拓展绿化用地,打造生活便利的生态宜居城市。

4. 开放型

一座城市良好的精神风貌比快速上涨的 GDP 更能反映城市综合实力。海纳百川，有容乃大。以开放包容的心态吸收四面八方的文化因素，融合自身的文化底蕴，形成新时代的城市文化标志，不仅适应了时代发展的需求，还很好地传承了城市本位文化。现代 CSC 模式中的城市发展构思是突破以往的城市规划建设，以人文生态规划为亮点，辅以新兴技术为支撑，寻求新的城市发展之道。因此，则需要以更包容的姿态去接纳各方新事物，这里的开放不仅仅指的是经济领域的开放，而是包含文化软实力的吸纳。城市的文化吸引力不但指城市之间的横向吸引，更是城市—郊野—乡村之间的立体贯通。城市往往以钢筋水泥的硬化形象示人，如加入乡村田园的柔美情调，不仅可弱化城市给人带来的压抑感，更可以因贴近自然，使城市居民幸福感增加，起到降低社会矛盾，缓解社会压力的作用。同时，在当今城市传统节庆风俗不如乡村浓厚的现状下，城市居民普遍文化归属感缺失。这样的开放形态可促进城乡互动，激活城市传统文化氛围，同时也带动了农村经济，从意识形态上真正促进城乡一体化建设。

5. 创新型

传统城市经济是建立在工业文明基础上的资源消耗型与环境污染型经济，通过对自然资源的获取、产品加工、消耗废弃的利用模式与生产方式获得发展。穷则变，变则通。自《国家中长期科学和技术发展规划纲要（2006—2020）》颁布和 2006 年全国科学技术大会召开以来，全国许多城市相继将建设创新型城市提上议事议程，加速推进创新型城市建设。在全面建设创新型国家过程中，城市肩负着组织与实施创新战略的历史使命，创新型城市已成为创新型国家建设的重要途径与重要引擎。创新型城市建设即是系统推进构建具有特色的开放式城市创新体系的建设；引进和培育高技术研发机构，提升城市科技的全球竞争力；深入实施高层次人才引进计划，为城市创新发展提供智力支持；健全科技中介服务机构，推动形成完善的城市创新链条；积极发挥政府协调和促进作用，为城市创新发展提供政策保障；多渠道吸收风险资金和民间资本，为城市创新发展提供资金来源；营造良好的自主创新环境，形成利于激发创新的城市创新文化。现代 CSC 模式中创新型城市的一个最主要特色是全民参与，脱离学术象牙塔，使创新力走向普通民众阶层。即从自身实际情况出发，人为营造一种适合创意发生的环境，鼓励每一位城市居民参与到创意城市的建设中来，实现城市创意循环发展，以达到解决城市问题及可持续发展的目的。

6. 服务型

联合国大会人类住区会议 1996 年发布的《伊斯坦布尔人类住区宣言》强调："我们的城市必须成为人类能够过上有尊严的、健康、安全、幸福和充满希望的美满生活的地方。" 2010 年上海世博会就以"和谐城市"的理念来回应对"城市，让生活更美好"的诉求。人是城市化的最大因素，围绕人、服务人、以人为本是衡量城市化成就的最重要标识。现代 CSC 生产生活模式是基于人的自身诉求，自由选择城市、郊野、乡村生活环境，其获得满足感是一致的。城市政府应将满足公众需求作为政府服务工作的逻辑起点，将公众的满意度作为政府服务水平与质量的评价标准，从而实现政府对其契约的承诺。关注民情、服务民生是实现服务型城市的有效途径，城市服务应当同时关注政府—市场、政府—公民关系的平衡，既要利用市场精神促进服务效率，又要强调公民参与以保障服务的正义性。城市服务精神是城市精神在服务领域的具体体现，一座城市的服务精神体现了城市独特的人文风貌，反映着人与自然、人与社会、人与人关系的抽象概念，因此还需大力弘扬城市服务精神，建立健全城市基础设施及公共事业配套设施建设，完善城市服务机能。城市在满足人类生理需求及物质享受的同时，还应肩负起疏通城市居民心理问题的责任，保证从源头上遏制威胁城市正常运转的隐患，使城市的服务职能更上一个档次。

第六章 现代城乡发展模式的战略及案例

第一节 现代城乡发展模式的战略

农村与城市是两个相对概念。一是地理位置的相对性，二者没有绝对区分；二是功能的相对性，农村主要注重于第一产业，城市主要是第二、第三产业；三是人口集中的相对性，城市人口相较于农村过于集中；四是发达程度的相对性，大部分城市相比农村更发达，但现实中部分农村也不弱于城市；五是农村与城市两者越来越一体化，城乡融合程度逐步增加，城乡统一是发展趋势。而郊野地区则是兼有城乡两者优点的地带。

一、现代城乡发展模式的发展阶段

"三农"问题之所以难解决，是我国农村从土改以后就按照计划经济体制的要求，把农民组织到高级农业合作社、人民公社的体系里，逐步形成了城乡二元经济社会结构体制的结果。这种城乡二元结构体制，是为计划经济服务的，一定程度上束缚了农业、农村、农民的发展。改革开放以后，我国实行具有中国特色的社会主义市场经济体制，经过多年的探索和努力，在城市的第二、第三产业方面已经破除了计划经济体制的束缚，基本建立了社会主义市场经济体制，但因各种原因，城乡分治的户籍制度和集体所有的土地制度等重要体制还没有改革，所以城乡二元结构的体制还继续存在，这是我国"三农"问题一直难以解决的根本原因。党的二十大报告指出，"坚持城乡融合发展，畅通城乡要素流动，推进乡村振兴发展。必须坚持城乡融合发展，以政府为主导，升级农村产业，保障资源分配合理，以此助力乡村振兴"。因此，要构建和完善市场机制，清除城乡之间要素自由流动所面临的障碍，消除城乡要素配置的分割体制，实现城乡要素的双向自由流动，最终实现市场引导生产要素自由流动。因此，要实现城乡融合发展，就一定要破除城乡二元结构的体制，这是解决"三农"问题的根本途径。另外，当前我国传统农民基数占比较大，农村分布广泛，农业与工业相比还存在差距，此客观因素的存在，也是影响"三农"问题难以解决的重要原因。

我国还处于城乡一体化的破除阶段，处于着手解决存在问题的进程之中，郊野地区的出现已成为解决好城乡一体的最好现实场所及先行试验地。随着大城市病的问题越发严重，城市居民需求寻找一种新的生活及工作解压方式，正逢此景，郊野地区能把城市与农村联结起来，总体上目前现代城乡发展模式处于一种觉醒阶段，即有识之士，包括高层管理者、城市精英、行业专家学者们及农村带头人都有了比较清醒的认识，逐步探索以郊野地区的发展来带动农村的发展，亦能为城市居民提供一种新的生活与工作空间。我国正在走新型城镇化发展之路，既不按传统习惯建设新城市，也不会只顾"三农"内容解决乡村问题，即要走兼顾农村与城市共同发展的新路子，这就是现代城乡发展模式的内容，目前来看，整体上处于发展的前期。

二、现代城乡发展模式的前景

现代城乡发展要适应当代人对新的生活方式的追求，即对当下"慢生活"的追求和向往。"慢生活"是相对于当前社会纷繁复杂的快节奏生活而言的另一种生活方式，自1989年在意大利出现后，便风靡世界。这里的慢，并非速度上的绝对慢，而是一种意境，一种回归自然、轻松和谐的意境。享受树木、花朵、云霞、溪流、瀑布以及大自然形形色色的原生态面貌，享受艺术、旅行、读书等精神上的补给，因此，将身心融入大自然，是实现慢生活的一个途径。

现在城乡发展的核心主题是要让人们生活得更有意义，使人们工作不再是一种高压的超负荷劳动，而是让人们在轻松自然的状态中享受生活，享受积极工作的乐趣。现代城乡发展模式能为人们提供多种层次的生活方式、工作方式、休闲度假方式、新的吃住行游购娱智体方式、新的人际交往方式等多元化形态，使现代农民更体面地生活，城镇居民有更高质量的生活。现代城乡发展模式整体系统是要为全民提供全新的生活与工作模式。

三、现代城乡发展模式的构建

现代城乡发展模式的构建其实也就是前文所述的农村构想、郊野构想与城市构建的有机结合，而不再是三者独立、各自构建相对封闭的体系。现代城乡发展模式是农（乡）村、郊野与城市三者统一的有机整体，是以郊野为过渡地带的有机统一。农（乡）村既是农业生产的主要阵地，也是乡村居民生活的重要场所，还是城镇居民休闲旅居的好去处；郊野地区是受城乡居民共同喜好的生活与工作场所；城市将是大多数国民生活工作之地，但其不再是高度拥挤之地。

为保护乡村自然景观和乡土文化，充分发掘农村地区的资源、景观、人文风貌等价值，越来越多的城市居民渴望到乡村田野中去，回归自然、休闲度假、体验农业文化，从而带来了强劲的生态系统服务功能需求。要打造宜居宜业的现代化城市，既要重视农村土地的生产功能，又要凸显农村生活、生态的综合价值，挖掘郊区土地对于城市人口休憩等需求的吸引作用，为实现新农村建设和城乡融合发展而服务。因此，全面提升乡村郊野景观风貌保护价值，就需要构建现代城乡发展模式。

首先，必须因地制宜地开展乡村景观风貌专项普查，系统梳理具有保护价值的景观风貌，根据当地实际情况，摸清郊野类型，建立完备的功能类型体系。在进行规划和建设时要面向不同的主导功能目标，确定不同的郊野类型。郊野地区不改变原有的农业生产、林水涵养功能，不改变原有自然生态格局和景观风貌，通过拆除区域内污染企业，对田、水、路、林、村进行综合整治，通过梳理、恢复自然生态功能，提升农耕文化和历史风貌，补足必要的休闲游憩服务设施，满足市民体验乡村风貌和乡村生活的需要。

其次，搭建资源优化配置平台，促进城乡要素平等交换，增强乡村更新的动力。目前，以行政乡镇为边界确定郊野单元。每一个乡镇即为一个郊野单元，在一个郊野单元内，按照地区内部发展实际状况、居民意愿、原有社会经济关系及人文特色，进行全面调查后再重新规划分区，形成不同的项目区。在政策架构上，以建设田园综合体为主要途径，以各层面政策为主要支持措施，加快建设和运作效益明显的郊野；同时，支持和引导中心城区、新城镇、新市镇的规划向土地综合整治的乡村区域倾斜，实现优质的郊野和乡村发展。

最后，开展现代乡村复兴型郊野建设，盘活农村集体资产、增强乡村产业发展的内生动力。以镇村集体经济组织资产和农民收益增加为目标，聚焦两个方面：一是以都市型现代农业为重点，与农业园区、社区支持农业、农业综合体、微农业等新型农业项目深度融合，开展农业"接二连三"产业无缝对接的"订单式郊野建设项目"；二是深度挖掘和培育乡村休闲、体育运动、旅游观光、文化传承、教育体验、创意创新的空间资源价值，实现生产、生活、观光、运动、休闲和旅游功能的有机结合。

第二节 现代城乡发展的典型模式

一、全国十大美丽乡村模式

全国美丽乡村建设如火如荼，全国各地因地制宜建设美丽乡村，具体举例来说，中国美丽乡村建设已总结出十大模式。

1. 产业发展型模式

该模式主要应用在东部沿海等经济相对发达地区。其特点是产业优势和特色明显，农民专业合作社、龙头企业发展基础好，产业化水平高，立足旅游、生态、文化等优势，加快农业结构调整，促进农业发展升级，因地制宜差异化发展特色产业，初步形成"一村一品""一乡一业"，实现了农业生产聚集、农业规模经营，农业产业链条不断延伸，产业带动效果明显，实现了乡村建设与产业发展、农民增收相互促进。典型案例：江苏省张家港市南丰镇永联村。

2. 生态保护型模式

该模式主要应用在生态优美、环境污染少的地区。其特点是自然条件优越，水资源和森林资源丰富，具有传统的田园风光和乡村特色，生态环境优势明显，把乡村的绿水青山、田园风光、乡土文化等资源保护利用好，打通绿水青山向"金山银山"的转换通道，把生态环境优势变为经济优势的潜力大。该模式适宜发展生态旅游。典型案例：浙江省安吉县山川乡高家堂村。

3. 城郊集约型模式

该模式主要应用在大中城市郊区，其特点是经济条件较好，公共设施和基础设施较为完善，交通便捷，农业集约化、规模化经营水平高，土地产出率高，农民收入水平相对较高，是大中城市重要的"菜篮子"基地。典型案例：上海市松江区泖港镇。

4. 社会综治型模式

该模式主要应用在人数较多、规模较大、居住较集中的村镇，其特点是区位条件好，经济基础强，带动作用大，基础设施相对完善。典型案例：吉林省松原市扶余市弓棚子镇广发村。

5. 文化传承型模式

该模式主要应用在具有特殊人文景观，包括古村落、古建筑、古民居以及传统文化的地区，其特点是乡村文化资源丰富，具有优秀民俗文化以及非物质文化，文化展示和传承的潜力大。典型案例：河南省洛阳市孟津区平乐镇平乐村。

6. 渔业开发型模式

该模式主要应用在沿海和水网地区的传统渔区。其特点是产业以渔业为主，通过发展渔业促进就业，增加渔民收入，繁荣农村经济，渔业在农业产业中占主导地位。典型案例：广东省广州市南沙区横沥镇冯马三村。

7. 草原牧场型模式

该模式主要应用在我国牧区半牧区县（旗、市），占全国国土面积的40%以上。草原畜牧业是牧区经济发展的基础产业，是牧民收入的主要来源。典型案例：内蒙古锡林郭勒盟西乌珠穆沁旗浩勒图高勒镇脑干哈达嘎查。

8. 环境整治型模式

该模式主要应用在农村脏乱差问题突出的地区。其特点是农村环境基础设施建设滞后，环境污染问题严重，当地农民群众对环境整治的呼声高、反应强烈。典型案例：广西壮族自治区桂林市恭城瑶族自治县莲花镇红岩村。

9. 休闲旅游型模式

休闲旅游型美丽乡村模式主要应用在适宜发展乡村旅游的地区。其特点是旅游资源丰富，住宿、餐饮、休闲娱乐设施完善齐备，交通便捷，距离城市较近，适合休闲度假，发展乡村旅游潜力大。典型案例：江西省婺源县江湾镇。

10. 高效农业型模式

该模式主要应用在我国的农业主产区。其特点是以发展农业作物生产为主，农田水利等农业基础设施相对完善，农产品商品化率和农业机械化水平高，人均耕地资源丰富，农作物秸秆产量大。典型案例：福建省漳州市平和县三坪村。

二、国家农业公园

国家农业公园系最近几年出现的集农业生产、农村生活、农民就业、城郊发展及乡村休闲于一体的综合产业的超级大园区。

1. 国家农业公园的概念

何谓国家农业公园？它是集农业生产、观光、乡村休闲及新农村建设为一体的休闲农业与旅游综合区，是能更好地解决"三农"问题与城乡一体化的新的实践行为及实体形式。它不同于普通的农家乐和乡村游览，而是一种在优越旷野的田野风光背景中建设的既有农业生产，又有乡村生活，兼具乡村与农耕文化体验的真实回归自然的农休游综合体。

国家农业公园系近两三年出现的新事物，是农休游结合的最理想模式，是郊区休闲旅游与城乡一体化建设的最好路途。

用一句话概括就是集农业生产、农村生活、农民就业、城郊发展及乡村休闲于一体的综合产业的超级大园区。

2. 国家农业公园的特征

（1）国家农业公园作为一种新型的公园形态。它是农学、林学、牧学、水产学、农业经济学、生态学、民俗学、旅游学以及风景园林等多学科的综合体现，其按照园区的经营思路，把农业生产场所、乡村生活场所、休闲旅游场所聚合于一体。

（2）国家农业公园是一种新型的综合体业态。其以原住民生活区域为核心，涵盖园林化的乡村景观、生态化的郊野田园、景观化的农耕文化、产业化的组织形式、现代化的农业生产，是一个更能体现和谐发展模式、浪漫主义色彩、简约生活理念、返璞归真追求的现代农业园林景观与休闲、度假、游憩、学习的规模化的农业休闲旅游综合体。

（3）在规划建设面积上一般规模较大，基本属于国有性质。都在数千亩甚至数万亩。如兰陵国家农业公园总面积41354ha。

（4）国家农业公园具有明确功能分区。其在严格规划的基础上进行了明确的功能分区，一般包括建立种植区、养殖区、水果区、花卉区、服务区、度假生活区、乡村文化或农耕文化区、休闲游玩区、商贸区等多个功能区。如兰陵国家农业公园整个项目分解成农耕文化及科技成果展示区、现代农业示范区、花卉苗木展示区、现代种苗培育推广区、农耕采摘体验区、水产养殖示范区、微滴灌溉示范区、民风民俗体验区、休闲养生度假区、商贸服务区等10个功能区。

（5）打造全景式休闲公园。国家农业公园，虽然是以农业为核心的园区，但其中有许多遗产资源景观、乡村风貌、田园风光、山水景观、人文景观、地质景观、气候物相及现代休闲设施等，系全景式公园，不仅可以供人参观，而且能生活于其中，休闲于其中。

3. 国家农业公园的模式

国家农业公园在资源利用方式上系综合利用。其背景系优美的自然环境，利用公园乡村土地、水资源、村落、路网、山林、植被、食材、渔牧及乡村与农耕文化，也有人文及景观的创意化建设，项目设置安排既不浪费，也不拥挤，自然舒适，似浑然天成。系一种超越以往任何农业发展项目的超级模式。

国家农业公园是一种新的解决"三农"问题与城乡一体的理想模式。其思维模式系既不破坏或影响原有的农业生产、农民生活及农村体系，又引进了城乡建设的精华及优质资源，形成良性循环。

在这一模式里，农民参与农业生产劳动，参与园区建设，参与休闲项目的经营，农民工作并生活其中，不必搬迁异地居住。这一模式离不开农民，农民还是园区的主要角色；这一模式为解决多年难解决的"三农"问题作了一种好的实践性探索与引领。该模式典型案例是兰陵国家农业公园，介绍如下。

兰陵国家农业公园是兰陵县发展乡村旅游的一大探索，作为一种新型的旅游形态，国家农业公园既不同于城市公园，也区别于一般的农家乐、乡村游览点和农村民俗观赏园，而是比农家乐、采摘园等更加高级别的旅游模式，表现为城乡互动的休闲模式、田园生活的体验模式以及融入农耕文化、乡土文化的旅游模式。兰陵国家农业公园于2013年4月12日正式开园，是当时山东省唯一一个国家农业公园试点项目。具体项目落在代村，这几年代村在新农村建设中取得巨大成绩。该项目计划总投资30亿元，规划总面积41354ha，其中核心区1334ha；示范区6670ha；辐射区33350ha。整个项目完成了农展馆、农展广场、游客中心、现代农业展示区、有机蔬菜推广和采摘体验区等项目建设，知青文化园、郁金香博览园、兰花苑等项目也有序推进，景区旅游元素正逐步丰富完善。

景区内外环境采用远程监控、智能室温控制，采用无土栽培、立体种植等现代农业科学技术种植近千种高档蔬菜、瓜果。一年四季，郁郁葱葱、争奇斗艳，使游人目不暇接，流连忘返。作为中国农业休闲的最高端形态和全国首家国家农业公园，按照山东省旅游局"全国首家，世界一流"的定位要求，该县整合代村现代农业示范区和国营农场1334ha土地，规划了"一心两村一带五区"的空间格局。2013年9月，兰陵国家农业公园景区被农业农村部评为"全国休闲农业与乡村旅游五星级园区"，被文化和旅游部评为国家4A级旅游景区。

按照兰陵县生态旅游农业发展整体规划，该县以现有的高效生态农业示范园区、花卉苗木基地为依托，改造、提升、新建一批集生产科研、休闲观赏于一体的现代农业观光园区。园里建成了一个又一个"园中园"——九合有机韭菜园、银河草莓采摘园、汇河园艺作物标准园、嘉禾种苗繁育园等，进一步彰显了田园风光，是代村人打造的现代观光农业的样板。同时，利用良好生态环境，发展了"名特优新"种养项目。如番茄树、甜椒树、地瓜树、巨型南瓜等，这些都吸引了大量游客前来休闲观光，体验其中乐趣。

为保障农产品安全，兰陵县进一步加强对农业投入品的监管，投资700多万元建设了全省第一家省级农副产品质量监督检验中心，强化对省、市级龙头企业的监管，健全县、乡质量安全检测体系，同时与上海、江苏、广东、浙江等南方蔬菜主销区建立了无公害蔬菜产销联盟，让销区市场人员来兰陵进行源头监控，抢先拿到了"兰陵蔬菜"在市场销售中的通行证。

4. 国家农业公园的功能与效益

国家农业公园其利在多方，好处多多。国家农业公园一是给大面积的农业生产带来了理想的生产方式，确保了生态环境不被破坏，并使农产品价值得到了提升；二是为城镇居民提供了绿色安全的"菜篮子"，农业公园核心主业及基础还是农业生产及农产品加工，为城镇居民提供绿色的食品及休闲餐饮；三是为城镇居民提供了方便的休闲游玩及短期假日生活居住的好去处，国家农业公园一般处于郊野部位，离城镇居民很近，方便城镇居民游玩，为提高城镇居民的生活质量提供了休闲服务；四是解决了一定范围内的居民就业问题，为乡村城镇居民提供了新的就业途径；五是为城镇孩子提供了接触农业、热爱自然的理想天然课堂。

国家农业公园是理想的田园生活与工作场所，直接拓宽了农业功能，拓展了农业生产链条，增加了农产品的综合价值，不仅体现了粮食功能价值，还提供了观赏享受美化的休游价值，还间接地产生了吸引功能并获得了乡村休闲旅游的附加值。综合效益产生了一拖N的价值。

5. 国家农业公园的未来前景

目前，国家农业公园较为成型的主要是河南中牟国家农业公园、山东兰陵国家农业公园、海南琼海龙寿洋国家农业公园，其他如安徽合肥包河区的牛角大圩$10km^2$的生态农业区、山东寿光农业综合区均可作为国家农业公园考察。

三、现代田园综合体

1. 田园综合体的基本概念

2017年，"田园综合体"被写进中央一号文件。其系集循环农业、创意农业、农事体验于一体的现代田园综合发展模式。通过农业综合开发、农村综合改革转移支付等渠道开展试点示范，支持有条件的乡村建设以农民合作社为主要载体，让农民充分参与和受益。

2. 田园综合体的建设内容

重点抓好生产体系、生态体系、产业体系、服务体系、经营体系、运行体系等六大支撑体系建设。首先是夯实基础，完善生产体系发展条件。集中连片开展高标准农田建设，加强田园综合体区域内"田园＋农村"基础设施建设，整合资金完善供电、通信、污水垃圾处理、游客集散、公共服务等配套设施条件。其次要突出特色，打造涉农产业体系发展平台。围绕田园资源和农业特色，做大做强传统特色优势主导产业，稳步发展创意农业，强化品牌和原产地地理标志管理，构建支撑田园综合体发展的产业体系。再次是创业创新，培育农业经营体系发展新动能。通过土地流转、股份合作、代耕代种、土地托管等方式促进农业适度规模经营，优化农业生产经营体系，增加农业效益。最后是坚持绿色发展之路，构建乡村生态体系屏障。积极发展循环农业，充分利用农业生态环保生产新技术，促进农业资源的节约化、农业生产残余废弃物的减量化和资源化再利用，实施农业节水工程，加强农业环境综合整治。

3. 田园综合体的功能分区

(1) 农业生产区：也即主体功能区。该功能区系园区主体区，主要安排园区主体农业种植养殖项目。其又附有游客参与农事活动功能。让游客认知农业生产过程，参与农事活动，体验农业生产乐趣。同时，还可以兼顾生态循环农业示范、农业科技示范、农业科普教育示范等内容。

(2) 休闲旅游景观区：依托乡村休闲旅游与观赏农业、瓜果菜园、景观苗木与花卉展示、中药材种植、茶园、湿地风光、特色地形地貌、民俗文化古村及红色文化村等，使游人身临其境地感受田园风光和农业魅力。从而吸引人流，提升土地利用价值。

(3) 乡村休闲体验区：为入园区的游客提供体验产品服务的区域。主要有农家风情特色建筑物，如庄园别墅、小木屋、当地传统民居等；乡村风情活动场所，如特色商业街区、主题演艺广场；田园亲子活动区、农耕文化节庆展览区、园区加工产品展示区、垂钓区、休闲康养区等。此区功能主要是让游人能够深入乡村特色生活空间，体验乡村风情活动，享受乡村休闲乐趣。

(4) 居住区及社区配套：田园综合体周边可形成适度的城乡一体化的居住区域，为乡村就地城镇化服务。通过田园综合体的带动，融合相关产业，形成人口相对集中的小集镇。集镇中配套服务于农业、休闲旅游产业的金融、医疗、商业、教育、邮电等项目。

4. 经营方式

一般均由政府支持（包括政策支持、土地流转、前期基础设施投入、环境整治等），企业为主体进行投资经营管理。

5. 案例分析

田园综合体是一种基于农文旅项目的商业模式，以结合城乡元素、带动企业参与设计、对项目进行商业模式开发，推动农业特色产业与旅游资源相融合，促进社会发展。自2017年起，财政部确定河北、山西等18个省份开展建设试点，并进行财政资金支持,自此,各地在推动农业产业转型升级时,把积极争取创建田园综合体作为重要载体。下面以麻姑山现代田园综合体创建为例进行说明。

该项目位于江西省抚州市南城县城西侧现代农业园的现代农业种植生产区内,围绕为当地居民增收致富、提升园区投资商及业主利益、为当地政府服务、提升土地利用效益的诉求,着力提升麻姑山现代农业示范园核心区品质功能,打造集现代农业、休闲农业、乡村旅游、滨水休闲,以及中医养生、中草药康养于一体的城郊综合型休闲农业产业园和田园综合体。积极配套发展其他特色相关旅游产业,如:生态观光、亲子娱乐、田园采摘、户外拓展、自驾露营、中草药种植、中医理疗、丛林拓展等,构筑并完善麻姑山休闲农业特色旅游产业链和南城县城郊现代农业综合体。

结合区内秀美乡村、设施农业、千亩荷塘、山地缓坡的四大资源特质,以绿色生态、滨水休闲、休闲养生为主题,打造麻姑田园、仙境乡村的形象。

整个项目规划了"一环、一带、一核、一园、五板块"的功能分区。"一环"即位于园区外围的景观环路,通过景观环路(自行车绿道)将各功能区连接于一体。"一带"即麻巷滨水景观带,增加园区的观赏性,又能调节园区的小气候。"一核"即包括设施农业区(仙绿)、百草园(欧绿),以优质绿色有机农业特色产品为主,重视和突出现代智慧农业,其中设施农业区(仙绿)分为蔬菜种植区(有机/绿色,包括采摘、认养、电商)、精品果品区、亲子娱乐园区、精品展示区(现代温室精品大棚,与欧绿共享)4个区。百草园(欧绿)以发展名贵中药苗圃基地为主业,辅之中药花卉、药膳及国医接待设施服务,做成中草药综合品牌,主要包括入口及微型停车场、池塘、中药材种植区(种川麦冬、半夏、凤仙花、菊花-金葵与药菊、牡丹花)、精品馆(铁皮石斛、金线莲等)、分拣装配点、办公用房等,另外还包括中药花卉、稻香园公社,承担农业园区以及麻姑山景区游客等的接待及康养功能。"一园"即百果园板块,作为现代农业园的果园产业,发展果园新业态,提升土地利用价值。"五板块"即综合服务板块、水岸休疗板块、秀美乡村板块、千亩荷塘板块、稻田公园板块。

本项目规划范围 3.16km²,总投资 2.4 亿元,将园区打造成南城县田园综合体,也系全县重点园区项目,对推动南城县县域经济发展具有重要意义。一是从社会效益看,田园综合体的创建有利于提升南城县旅游形象,能补充南城县旅游市场的不足;能够增加就业机会,带动当地农民有序向第三产业就业转移,吸纳农村剩余劳动力,增加当地居民收入和财政收入。通过乡村休闲旅游反哺城市发展,促进南城经济发展与产业结构调整,快速带动城乡一体化建设。二是从生态效益看,采取"循环型旅游区"的发展模式,创造生态示范区效益,切实保障基地田园、山水资源的合理开发和利用,有利于当地生态环境的建设。三是从经济效益看,通过带动接待服务、农业产业、休闲康养、餐饮消费等途径促进当地经济收入,实现生态旅游经济发展的良性循环和人与自然的和谐发展。

四、特色小镇

1. 特色小镇创建背景及基本概念

特色小镇起源于浙江,2014 年在杭州云栖小镇首次被提及,2016 年住房城乡建设部、国家发展改革委、财政部公布《关于开展特色小镇培育工作的通知》,明确提出,到2020年，我国将培育1000个左右各具特色、富有活力的休闲旅游、商贸物流、现代制造、教育科技、传统文化、美丽宜居等特色小镇。之后特色小镇逐步成为探索发展县域经济基础的创新经济模式。

特色小镇并非行政区域划分的镇，而是指依赖某一特色产业和特色环境因素（如地域特色、生态特色、文化特色等），打造的具有明确产业定位、文化内涵、旅游特征和一定社区功能的综合开发项目。

2. 主要特征

特色小镇关键在于"特"，一是"特"在产业，以实现发展特色产业、特色旅游和特色文化三位一体；二是"特"在功能，实现生产、生活、生态融合发展，形成产城乡一体化功能集聚区；三是"特"在形态，形成独特的风格、风貌及错落的空间结构；四是"特"在运行机制上，通过实践探索，形成以政府引导、企业为主体、社会参与的开发运营机制。

3. 建设目标

特色小镇要统筹地域、功能、特色三大重点，规划面积控制在$3\sim 5km^2$，建设面积不超出规划面积的50%，人口规模控制在3万～5万人，可以是建制镇、风景区或综合体等，虽然特色小镇规模有限，但是具有相对应的城镇化的生活、生产条件和基础设施。特色小镇的最终目标是要形成一个围绕特色产业，同时深耕当地资源禀赋，彰显地方文化底蕴，拥有一定居民的小镇生活区域，最终实现产业上特而强、功能上有契合、形态上小而美、机制上新而活的美丽小镇。

4. 发展路径

一是从产业园区到特色小镇；二是从重点镇到特色小镇；三是从城市综合体到特色小镇。

5. 特色小镇类型

目前，特色小镇大致分为历史文化型小镇、城郊休闲型小镇、新型产业型小镇、特色产业型小镇、交通区域型小镇、资源禀赋型小镇、生态旅游型小镇、高端制造型小镇、金融创新型小镇、时尚创意型小镇等类型。较为成功的类型包括浙江的梦想小镇、贵阳的花果园、北京古北水镇等。

6. 案例分析

随着大众旅游和全民休闲度假时代的来临，旅游＋城镇化集聚经济与共享经济日益融合，特色旅游小镇的发展趋势应运而生。以河南省洛阳市伊川县葛寨乡青铜特色小镇为例，葛寨乡青铜特色小镇位于伊川县东南部距伊川县城17km，到洛阳40km，全乡有39000多人，小镇核心区有3000多人。"青铜小镇"所处的葛寨乡烟云涧村，是一个历史悠久、文化积淀深厚的地方，得益于当地青铜文化、礼乐文明、宋代理学、"秦楚古道"文化等优势，小镇形成以生产青铜仿古制品产业为主，已在全国形成品牌，并带动了当地村民致富。同时，当地平原地貌、建筑密集、水资源丰富，生态环境较好，且规划区内有秦楚古道，周敦颐墓，周围分布着大量遗产文化资源，如邵雍墓、二程墓、伊川书院、鸣皋古镇、杜康古镇、净土寺等。将"产业＋旅游＋文化＋生产＋生活＋生态"聚集在一起，融入洛阳大旅游圈中，与大景区（点）合作，形成共享旅游线路。该地创建特色小镇具有先天机遇和优势。

"青铜小镇,礼乐中国",集中体现了"青铜小镇"这一综合体的产业、文化、旅游、休闲、娱乐、康养等多种功能。总体定位是以市场为导向,依托青铜产业小镇优势,打造聚产业、文化、旅游、社区等功能于一体的综合体——"特色小镇";以遗产文化为核心吸引物,做足生态产业,把生活居养产业融入其中。

本着合理分布、突出重点、集中开发、立足当前、着眼未来的发展思路,根据项目片区现有资源条件,烟涧村青铜小镇旅游空间布局按照"一心、两带、二组团、多区"总体布局规划。"一心"即烟云涧青铜特色旅游村,主要布局有青铜器生产坊、"青铜时代"民宿、商业街坊、小吃街、民俗文化演艺广场、小镇建筑风貌景观、小镇街巷水系景观等。"两带"即明水滨河生态休闲带、康水青铜文化观光带。"二组团"即天室山景区组团(重点为刘家印乡村休闲区)、秦楚古道景观带。"多区"即入口接待服务区、休闲观光区、历史文化区、青铜产业园区、康养区、礼乐文化区等。

青铜小镇的建设发展将进一步弘扬中国传统青铜文化,树立小镇的当地品牌形象,推进当地青铜产业不断转型升级,加快形成青铜产业、文化创意产业、旅游业等多种业态的融合互动发展,带动县域经济持续增收。

五、现代城乡发展模式的乡村典型

1. 民俗体验村——袁家村

袁家村是陕西省最著名的乡村旅游地之一,位于陕西省咸阳市礼泉县烟霞镇,坐落在举世闻名的唐太宗李世民昭陵九嵕山下。1993年,袁家村成立了农工贸一体的集团型企业——袁家农工商联合总公司,下辖12个子公司,在西安有房地产公司。目前,有400多人口的袁家村,村资产已达到1亿多元,村民家家住上了小洋楼,人均住房$52m^2$,家家生活得很滋润。如今村里的领导者朝着环保、生态、绿色的发展观念转变,带领全体村民大力开发无烟工业——旅游业,创建民俗、民风体验一条街,集中展示关中农村自明清以来农村生活的演变。袁家村从"点灯没油,耕地没牛,吃粮靠救济"的地方,变成了风景秀丽、生活富足的4A级景区。据统计,当地居民的人均年收入已经超过10万元。

袁家村现在是陕西地区发展较快的旅游村,其主要针对城市的高消费人群以及怀念农村风情的居民,为人们提供舒适的生活氛围。袁家村各家主营的就是农家菜、野菜、粗粮等家常便饭,给人们做出最天然、最营养的饭菜。村里有很多原始的东西,给游客带来无穷的欢乐,帮助人们消除身体的疲惫。袁家村是一个拥有淳朴风土民情的好地方,有很多民俗文化,弦板腔皮影戏、木板年画、剪纸等,袁家村烙面也是当地一种独特的饮食文化。

从西安出发,驱车约一个小时的路程,便到了被人们称为"关中印象体验地"的地方——袁家村。走进村子,映入人们眼帘的是一幅幅近似于原生态的农家生活画面,使游人恍惚中有种穿越时空之感,仿佛回到了19世纪50—60年代。走进古朴典雅的小巷,两边店铺林立,作坊鳞次栉比。有油坊德瑞恒、醪糟坊稻香村、豆腐坊卢氏豆腐、辣子坊天一阁、面坊五福堂、茶坊童济功、醋坊五味斋、布坊永泰和药坊同顺堂等。一坛坛、一瓶瓶手工酿造的纯粮醋,散发着诱人的清香;面坊中,兴致勃勃的游人饶有趣味地推动着沉重的石磨,白白的面粉缓缓地溢出来;布坊里,满面沧桑的妈妈坐在古老的织布机前细心地织着漂亮的土布；油坊中，那巨大的老木制成的榨油器令人叹为观止；药坊中飘出的淡淡药香若有若无地在鼻间萦绕……踩着脚下仿古的青石板，欣赏着颇具关中风味的明清式建筑，别有一番风味。出了古巷，走进"现代巷"。只见宽敞的街道两旁松树顶天立地、郁郁葱葱，松树后边是两排整齐的楼房，这些楼房既有现代气息，又有古代风格。一般门面都是仿古建筑，砖木建构，雕梁画栋，非常气派。门面里面则古今结合，设备齐全。家家都是农家乐，户户窗明几净、饭香萦绕。即使是刚用过餐的游人，此时都会食欲大增，忍不住要尝一尝袁家村的绿色食品。

2. "天下第一村"——华西村

华西村隶属于江苏省江阴市华士镇，位于江阴市区东，华士镇西。从2001年开始，华西通过"一分五统"的方式，帮带周边20个村共同发展，建成了一个面积35km²、人口达30340人的大华西，组成了一个"有青山、有湖面、有高速公路、有航道、有隧道、有直升机场"的乡村。华西村有名的景点有80多处，华西金塔是它的标志性建筑，7级17层，高98m。2012年。华西村总收入524.5亿元，华西村旗下华西集团1996年被农业农村部评定为全国大型一档乡镇企业，华西村获得了"全国文明村镇""全国文化典范村示范点""全国乡镇企业思想政治工作先进单位""全国乡镇企业先进企业"等荣誉称号，并被誉为"天下第一村"。

第一产业率先发展。2012年开始，华西的农业已经向绿色农业、生态农业、观光农业转型。华西都市农业示范园区主要由园艺中心、无公害蔬菜水果、畜牧水产、花卉苗木、稻麦油料基地等组成，智能化温室总面积超12000m²。

第二产业发展壮大。截至2013年，全村58家企业（其中一家上市公司），已形成带管、毛纺等六大系列，1000多个品种、10000多只产品的生产规模，有50多只产品获省、市和国家优质产品称号。"华西村"牌系列酒、烟畅销四方，"仁宝"牌、"华西村"牌西服、衬衫等产品已成为"三真"（说真话、售真货、定真价）、"三公认"（用户公认、专家公认、主管部门鉴定公认）产品。

第三产业迅速崛起。华西集团未经审计营业总收入为265.66亿元，净利润3.08亿元。传统工业企业对华西村的利润贡献比例已降至37%，而约有64%的利润贡献来自服务业。2011年10月8日，由华西村村民每户出资1000万元，共筹资30亿元建起了高328m的"黄金酒店"。华西村自1978年起正式对外开放，已有109个国家和地区的宾客到华西访问、旅游。村内设有中、高档床位3500多张，餐饮一次可接待5000多人，适合各类层次消费。华西村自1978年经国家批准对外开放以来，已成为江南田园旅游中心，共接待160多个国家和地区的宾客来华西考察、访问。

3. "全国百强县"——桐乡

桐乡又称为"菊乡"，位于浙江省嘉兴市，"上有天堂，下有苏杭，桐乡在中央"，其地理位置优越，处于上海、杭州和苏州的交界地带，分别距离上海131km、苏州74km、杭州65km，这是一个金三角地区。位于浙江省北部，杭嘉湖平原的腹地，共有727km²。2019年统计的户籍人数是70.47万人，共有8个镇、3个街道。其最为著名的景点有乌镇、丰子恺故居、茅盾故居和福严寺。2019年入选成为"中国百强县""全国营商百强县""工业百强县""创新百强县"。2020年入选成为"中国食品安全百佳县市""全国县域旅游综合实力百强县"和"全国县域经济综合竞争力百强县"，这些荣誉称号为桐乡的建设提供前进的动力和信心。

做精顶层设计，实现乡村振兴"桐乡路径"。桐乡在进行乡村振兴战略抉择时，从自身的实际情况出发，在保留自身特色与乡土风貌之上，增加了很多新奇的想法与创新。从自身的自然资源与条件出发，找到优势与短板，绘制顶层蓝图。"三产融合"就是源自桐乡在乡村振兴战略中的一项举措。2018年8月，桐乡市人民政府发布了《关于全面实施乡村振兴战略高质量推进农业农村现代化的意见》，这就是桐乡乡村振兴战略的"四梁八柱"，为桐乡的乡村振兴发展提供了制度保障。

为保障乡村振兴战略的实施，桐乡积极搭建产业平台，同时还与嘉兴市农业规划部门积极对接，并与中国农业科学院进行合作，推动智慧农业平台的搭建，推动技术攻关的改进，创造了"桐乡模式"和"1+1+N"的智慧农业模式，形成属于桐乡独特的乡村振兴战略的发展模式。

蚕桑产业是桐乡最为出名的产业，面对目前蚕桑产业面临的难题，桐乡人民政府积极走访与讲解，为老百姓破解难题。桐乡以顶层设计为蓝图，带动蚕桑产业和畜牧业的发展，并结合美丽乡村的精品路线，帮助桐乡激活其旅游业的发展。同时，桐乡致力于建立农业综合服务中心，即通过启动农业经济开发区建设，在特色产业基础之上，重点布局"一心二带五区"，建立多个农业示范区。通过各种举措推动桐乡三产融合快速发展，实现桐乡乡村振兴的高质量发展。

4. "最美葡萄小镇"——杨凌新集村

杨凌新集村位于陕西省咸阳市杨凌区揉谷乡，在唐朝时被称为文殊菩萨镇。杨凌新集村交通便捷，与陇海铁路、西宝高速公路和西宝中线相邻，其交通十分便利，为其发展葡萄种植业提供了必要的交通条件。新集村多以陈姓和李姓为主，共有852户人，共3500多口人。该村葡萄种植面积为154.7ha，其中葡萄园有42.69ha，葡萄的育苗面积是106.72ha。新集村以"产业振兴+电商平台"为主，重点发展葡萄产业。

杨凌新集村自1986年开始种植葡萄，距今已经有37年的葡萄种植的历史了。但是在刚开始种植葡萄的时候，葡萄品种主要以酿酒为主，种植面积少，只有33.35ha，未形成规模化种植。为实现乡村振兴，新集村立志打造葡萄小镇，并以葡萄产业为支柱产业，带动其他产业的发展。2011年，新集村党支部书记陈增科牵头成立了新集村先锋葡萄合作社，依托各种惠农惠民政策，邀请西北农林科技大学提供技术支撑，并为种植葡萄的村民提供技术上的培训，使得当地的葡萄种植户从缺乏葡萄种植专业知识的普通农户变成了懂得葡萄种植的技术员、农技师或者葡萄专家。

产业振兴+电商平台，打造"葡萄小镇"。新集村在葡萄产业成为支柱产业的基础上，根据自身的地理位置优势和葡萄的品种优势，打造了集观光、采摘、体验和休闲为一体的"最美葡萄小镇"观光基地，吸引来自四面八方的游客。2017年，新集村通过与京东签订协议，借助电商平台，凭借京东强大平台的影响力和其冷链物流的先进性、标准的配送流程，实现葡萄的产地运输、干线运输、仓储和终端配送环节全程冷链的无缝衔接。保证了葡萄的新鲜度，宣传了新集村的葡萄，将新集葡萄销往全国各地，成功实现了新集村第一、第三产业的融合发展。新集村与京东电商平台的合作，拓宽了农产品的销售路径，实现了农户与电商平台的"供应链无忧"，产业振兴+电商平台，帮助新集村打造成一个"最美葡萄小镇"。

5. 和美乡村——安吉余村

余村是一个典型的小山村，位于浙江省湖州市安吉县天荒坪镇政府驻地西侧，地处天目山北麓，因境内天目山余脉余岭及余村坞而得名。安吉余村是"绿水青山就是金山银山"理念诞生地，天荒坪镇以"余村"为核心，合力打造"高能级、现代化、国际范"的余村。多年来，村党支部带领全村上下坚定不移地走高质量可持续发展之路，努力把生态效益更好地转化为经济效益和社会效益，奋力推动乡村经济、乡村法治、乡村文化、乡村治理、乡村生态、乡村党建全面强起来，余村先后获评"世界最佳旅游乡村""全国先进基层党组织"等多项荣誉。

余村着力于人居环境改善，在农村基础设施建设、农村生活污水处理、生活垃圾处置、乡村面貌整治等方面成效显著，积累了大量宝贵的实践经验。村里成立"两山"旅游公司，建起矿山遗址公园，推动土地流转、村民入股，大力发展乡村旅游。大力拓展现代农业示范园、5G物联网＋余村溪泉鱼、青创农场等农业产业，并通过实施村庄绿化、沿线亮化、道路硬化、庭院美化的绿色环境提升工程，建设五彩稻田、向阳花海、荷花池塘等生态景观，率先探索农村"三块地"改革、竹林碳汇改革等强村富民集成改革，逐步植入碳汇馆、绿色研学基地、后巷乡愁街等新兴业态，不断推动传统产业向农文旅融合转变。

余村积极打造乡村新社区，乡村服务设施全面升级，人的全生命周期公共服务优质共享基本实现，余村通过共同富裕现代化基本单元试点建设，打造了一批叫得响、有影响力的标志性成果，探索形成了以"支部带村、发展强村、民主管村、依法治村、道德润村、生态美村、平安护村、清廉正村"为主要特点的新时代乡村治理"余村经验"。余村自治、法治、德治相结合的治村之道，为推进新时代乡村治理提供了示范样本。

余村立足创新实践，打造"余村"品牌，建立国内首个乡村品牌实验室，通过品牌规划制定、活动策划、课题研究、成果发布等多种路径，打造中国乡村品牌标杆，让乡村品牌成为赋能乡村产业的无形资产。全面打响"农耕品牌＋"、创新"研学文创＋"，打造单体民宿、户外露营俱乐部等不同特色的乡村休闲旅游产品，带动村民增收致富。余村通过建立乡村集体资产资源量化入股机制，实现生态资源、资产向租金、薪金、股金的高效转化，形成了共建共享共富的发展新格局。

从生活垃圾清理到生活污水排放，从厕所革命到美丽河湖建设，为宜居、宜业和美乡村建设提供有力支撑。坚持物质文明和精神文明一起抓，不仅建设好和现代生活相配套的基础设施，因地制宜发展乡村富民产业，还要深层次挖掘耕读传家、家文化、人与人和睦相处、人与自然和谐共生等优秀传统文化的治理智慧，培育文明乡风、良好家风、淳朴民风，增强村民对村庄的认同感和归属感。全国和美乡村建设，以浙江安吉余村为典型案例，在全国范围内形成了和美乡村建设的典范。

六、现代城乡发展模式的典型城市

现代城乡发展模式是一种兼顾城市与乡村的综合发展模式，以解决城市化过程中的不均衡、不公平问题为目标。其理念包括城乡一体化发展、乡村振兴、城市可持续发展、产业结构优化、生态文明建设、促进社会公平和完善公共服务等。

从1984年开始，上海在全国首先提出了"城乡一体""城乡通开"。随后提出了

"一二三四"工作方针,即城乡一体化建设,两个立足点(农民口粮自给自足,供应城市主要副食品),三业协调发展,建设四个基地(科研中试、外贸出口、大工业扩展、副食品生产),逐渐打破了城乡封闭制度。此时城乡收入差距较小而稳定。20世纪90年代,随后乡镇企业迅速发展,推动了城乡之间要素的快速流动。出台了"市区要繁荣,郊区体现实力""农业为都市农业,农村为郊区,农民为现代农业劳动者""三个集中"等方针。此发展阶段,城区建设逐渐加快的同时,郊区农村相对落后,使得城乡基础设施差距进一步加大。2002年,上海市郊区工作会议上重点讨论了强化农业生产,促进农民收入增长的政策措施。2009年,市委九届七次全会上主要阐述了农村改革发展的相关意见。各级政府建设郊区农村的力度不断加强,郊区城市化进程加速。2011—2015年间,全市"一张网"和市、区县、街镇三级管理格局初步形成——具有枢纽型、功能性和网络化特征的城市基础设施体系基本形成;形成了共有产权保障住房、征收安置住房、廉租住房和公共租赁住房"四位一体"、购租并举的住房保障体系;修订《上海市建筑市场管理条例》,出台《关于进一步加强本市重大工程建设管理的实施意见》《上海市绿色建筑发展三年行动计划》。《上海市城市总体规划(2017—2035年)》提出"推进城乡一体,引领区域协同"的发展模式,将城市建设目标升级为"卓越的全球城市",要求将更多的郊区纳入城区范围。作为中国的国际金融中心和现代化大都市,上海注重农村产业多元化,发展了农产品加工、乡村旅游、手工业等多种产业,农村地区受城市化影响也较为显著。2021年,上海市与江苏、浙江两省人民政府共同发布了《长三角生态绿色一体化发展示范区国土空间总体规划(2021—2035年)》,探索将生态优势转化为经济社会发展优势。提出了优化国土空间保护开发格局并强化国土空间底线管控,推动生态绿色高质量空间发展,推进跨区域一体化空间协同,落实"一张图"管理与实施保障等规划重点。目前,上海城镇化率约为90%,是全国城镇化率最高的城市之一。

总体上,城乡一体化应使城市与乡村在产业上发挥自身特性,形成互补的产业结构;使城乡居民共同分享现代化果实;避免城乡同质化,并挖掘乡土文化独特的价值,将乡村文化与城市文明有机融合;充分利用农村生态农业、景观农业等功能。

参考文献

[1] 丁孝智. 破解十大难题:德庆社会主义新农村建设探索 [M]. 北京:新华出版社,2007.

[2] 程必定. 中国的两类"三农"问题及新农村建设的一种思路 [J]. 中国农村经济,2011 (8):4-11.

[3] 韩俊. 调查中国农村 [M]. 北京:中国发展出版社,2009.

[4] 谷中原. 农村发展的农业多功能研究 [D]. 长沙:湖南农业大学,2008.

[5] 吕微,唐伟. 农村公共服务体系建设的现状与对策建议 [J]. 中国行政管理,2009 (7):87-90.

[6] 姜秀敏,孙洁. 中国农村公共服务供给存在的问题及对策 [J]. 大连海事大学学报:社会科学版,2010,9 (5):4.

[7] 莫汀. 完善中国农村社会救助制度浅析 [J]. 四川劳动保障,2011 (6):24-25.

[8] 侯满平. 黄淮海平原农业结构调整及农业发展战略研究 [D]. 北京:中国农业大学,2004.

[9] 龙花楼,屠爽爽. 论乡村重构 [J]. 地理学报,2017,072 (004):503-576.

[10] 中共中央国务院.《乡村振兴战略规划(2018—2022年)》[EB/OL]. https://www.mnr.gov.cn/dt/ywbb/201810/t20181030_2291702.html. 2018-09-27.

[11] 侯满平,刘平辉. 乡村振兴背景下建设乡村的思考 [J]. 新农业,2018 (4):31-33.

[12] 沃纳·赫希若. 城市经济学 [M]. 北京:中国社会科学出版社,1990.

[13] 矾村英一. 城市问题百科全书 [M]. 哈尔滨:黑龙江出版社,1988.

[14] David Rusk. Cities without Suburbs:A Census 2010 Perspective [M]. Woodrow Wilson Center Press,2013.

[15] 赵世超. 西周的国和野 [J]. 史学月刊,1988 (2):9-16.

[16] 范恒山,陶良虎. 中国城市化进程 [M]. 北京:人民出版社,2009.

[17] 谭江岷. 城市之路 [J]. 深圳土木与建筑,2006,3 (1):47-48.

[18] 肖玮,林承亮. 城市功能优化与传统制造业城市的创新转轨 [J]. 科技进步与对策,2010,27 (18):34-37.

[19] 葛海鹰,丁永健,兆文军. 产业集群培育与城市功能优化 [J]. 大连理工大学学报,2004,25 (4):36-40.

[20] 寇有观(生态人类学术工作委员会). 建设智能生态城市,四化同步科学发展 [EB/OL]. HTTP://WWW.humanity.org/view/info_4.asp x? n=620,2012.12.27.

[21] 蔡静霞. 城市空间立体化:开发商决胜未来的筹码 [J]. 房地产导刊,2012 (3):56-58.

[22] 马海涛,方创琳,王少剑. 全球创新型城市的基本特征及其对中国的启示 [J]. 城市规划学刊,2013 (1):69-77.

[23] 诸大建,刘冬华. 从城市经营到城市服务:基于公共管理理论变革的视角 [J]. 城市规划学刊,2005,(6):37-40.

[24] 李红伟,石立哲. 论城市发展循环经济的途径与保障措施 [J]. Resources of World,2008 (8):36-38.

[25] 胡建楠,姚士谋,朱天明. 中国城市化发展速度界定的初步探索 [J]. 长江流域资源与环境,2010,19 (5):487-492.

[26] 侯满平,石英. 国家农业公园新概念:首次系统解读 [J]. 新农业,2015 (1):20-22.